GUÍA DE TELEPATÍA EN ESPAÑOL

Cómo Desarrollar tus Habilidades Psíquicas y Desarrollar una Consciencia Extra Sensorial

FELIX WHITE

© **Copyright 2021 – Felix White - Todos los derechos reservados.**

Este documento está orientado a proporcionar información exacta y confiable con respecto al tema tratado. La publicación se vende con la idea de que el editor no tiene la obligación de prestar servicios oficialmente autorizados o de otro modo calificados. Si es necesario un consejo legal o profesional, se debe consultar con un individuo practicado en la profesión.

- Tomado de una Declaración de Principios que fue aceptada y aprobada por unanimidad por un Comité del Colegio de Abogados de Estados Unidos y un Comité de Editores y Asociaciones.

De ninguna manera es legal reproducir, duplicar o transmitir cualquier parte de este documento en forma electrónica o impresa.

La grabación de esta publicación está estrictamente prohibida y no se permite el almacenamiento de este documento a menos que cuente con el permiso por escrito del editor. Todos los derechos reservados.

La información provista en este documento es considerada veraz y coherente, en el sentido de que cualquier responsabilidad, en términos de falta de atención o de otro tipo, por el uso o abuso de cualquier política, proceso o dirección contenida en el mismo, es responsabilidad absoluta y exclusiva del lector receptor. Bajo ninguna circunstancia se responsabilizará legalmente al editor por cualquier reparación, daño o pérdida monetaria como consecuencia de la información contenida en este documento, ya sea directa o indirectamente.

Los autores respectivos poseen todos los derechos de autor que no pertenecen al editor.

La información contenida en este documento se ofrece únicamente con fines informativos, y es universal como tal. La presentación de la información se realiza sin contrato y sin ningún tipo de garantía endosada.

El uso de marcas comerciales en este documento carece de consentimiento, y la publicación de la marca comercial no tiene ni el permiso ni el respaldo del propietario de la misma.

Todas las marcas comerciales dentro de este libro se usan solo para fines de aclaración y pertenecen a sus propietarios, quienes no están relacionados con este documento.

Índice

Introducción	vii
1. ¿Qué es la telepatía?	1
2. Tipos de telepatía	11
3. Los beneficios de usar telepatía	33
4. Diez señales de que tienes el don	51
5. Aumentar tus niveles de energía espiritual	67
6. Usar la meditación para abrirse	85
7. Abrir el tercer ojo	103
8. Mandar mensajes a otros	121
9. Telepatía entre gemelos	135
10. Cerrar la puerta telepática	147
Conclusión	163

Introducción

Si alguna vez has leído comics o visto películas de este género, es bastante común encontrar a un personaje con el superpoder de la telepatía, es decir, que puede utilizar su mente para comunicarse con otras personas. Algunos superhéroes incluso pueden entrar al subconsciente de las personas para descubrir lo que sucede. Si no has leído cómics, quizás hayas visto programas de ciencia ficción en los que hay personas con habilidades telepáticas. De niño todo parecía muy real. Luego, de adolescente, empecé a creer que la telepatía era algo que los productores de televisión se habían inventado para hacer que sus programas y películas fueran más emocionantes. A todos nos gusta la idea de tener habilidades sobrehumanas. Sin embargo, con el tiempo, gracias a la curiosidad y a la investigación descubrí que la telepatía es real.

Introducción

En términos básicos, la telepatía se define como la habilidad para transmitir información de una persona a otra por medio de algo que va más allá de los cinco sentidos básicos. No utilices el sentido de la vista, el tacto, el olfato, el gusto o del oído cuando te comunicas por telepatía. No, esta forma de comunicación va más allá de los cinco sentidos. Es probable que te preguntes cómo es esto posible. Si estás leyendo este libro, es probable que hayas llegado aquí por curiosidad sobre las posibilidades de todo el tema. Sin duda, hay muchas cosas que dicen ayudar a las personas a comprender el concepto de la telepatía, en especial en internet. Por desgracia, muchos de estos recursos no llegan a cumplir con las expectativas de las personas. Yo mismo he sido víctima de muchos de estos recursos poco originales y nada útiles antes de que por fin pudiera descubrir todo lo que sé sobre la telepatía.

Esto me llevó a escribir una guía escrita sobre la telepatía, una guía que le ayude a las personas a descubrir sus poderes psíquicos y mejorarlos.

A pesar de haber existido por años, las técnicas de la telepatía han sido un secreto bien guardado en el espiritualismo. Sin embargo, después de que la ciencia mostrará evidencias de que la telepatía en verdad es posible, muchos ocultistas se han atrevido a compartir su conocimiento con el resto del mundo.

Introducción

Este libro fue creado para ayudar a las personas a descubrir los misterios del intercambio de mensajes transfísicos y mostrarle a las personas cómo desbloquear su superpoder interior. Cualquier persona que tenga un poco o nada de conocimientos sobre lo oculto o lo físico puede creer que el título de este libro es algo abrumador. Así pues, si eres un principiante, este libro ha sido escrito para ti. Este libro utiliza el lenguaje más sencillo y simplificado para decirte, a profundidad, todo lo que necesitas saber sobre la telepatía.

En este libro vas a descubrir de historia de la telepatía y cómo ha evolucionado a través de los años en la humanidad. Vamos a explicar cómo las brujas y los magos del pasado aprovechaban sus habilidades psíquicas. En pocas palabras, este libro te ayudará a descubrir cómo comunica tus pensamientos, emociones e ideas a otras personas de forma paranormal. Considerando la cantidad de información está disponible, es seguro decir que te queda un largo camino con la telepatía. Sin más que decir, vamos a comenzar a aprender todo lo que necesitas saber sobre cómo desbloquear tus poderes psíquicos.

1

¿Qué es la telepatía?

Las habilidades psíquicas existen de muchas maneras. Desde la clarividencia hasta la precognición y la telepatía, las personas han manifestado sus dones psíquicos en diferentes formas. Existen varias maneras en las que le puedes utilizar tus habilidades psíquicas en sus varias manifestaciones. Tu tipo psíquico no se trata de cómo sientes las cosas; más bien, se trata de qué es lo que experimentas. La telepatía es uno de esos tipos psíquicos que muchas personas poseen, ya sea que se hayan dado cuenta o no.

"Tele" y "pathe"

. . .

Estas son dos palabras griegas que conforman la palabra telepatía. *Tele* significa distante y *pathe* significa sensación.

También puede significar ocurrencia. A partir de esto, simplemente puede decir que la telepatía significa una sensación o una ocurrencia remota. En otras palabras, implica sentir algo que está lejos de ti. La definición estándar para telepatía es la transmisión de datos o información de una persona a otra sin el uso de los canales sensoriales conocidos. La Sociedad de la Investigación Psíquica define la telepatía como "el pasaje paranormal de información de una persona a otra". Aparte de estas definiciones, puedes decir que la telepatía significa comunicar tus pensamientos, emociones, ideas y conceptos mentales a otra persona sin tener que interactuar con ella por medio de los cinco sentidos o del cuerpo físico. En esencia, la mente es la herramienta principal para la comunicación en la telepatía. La telepatía se trata de una comunicación mente a mente.

Las personas que están bien versadas en la telepatía consideran que es un medio para transmitir información paranormal. Esto significa que la información no puede ser comprobada científicamente.

. . .

Aun así, la investigación científica ha demostrado que la telepatía puede ser real, incluso si su concepto no es muy bien aceptado por la comunidad científica. La telepatía es de lo oculto. La misma idea de la comunicación mente a mente ha existido por años, mucho antes de que Hollywood comenzara a hacer películas con personajes que tuvieran poderes telepáticos. Las culturas antiguas tienen registros detallados de telepatía tanto en tradición oral como en escrita. Entonces era considerada una habilidad natural que la poseían todos los seres humanos y una habilidad única para las personas entrenadas y con dones.

Menos mal, esto todavía es cierto en la actualidad. Cualquier persona puede aprender a comunicarse telepáticamente siempre y cuando tenga ganas. Si quieres comenzar a comunicarte con otras personas utilizando tu mente, puedes hacerlo si le dedicas el esfuerzo requerido.

La historia de la telepatía es bastante interesante. La telepatía data de tiempos antiguos anteriores a los griegos y a los egipcios, aunque la palabra para designarla no fue inventada hasta finales del siglo XVIII. Los egipcios antiguos creían que los espíritus podían mandar mensajes de un individuo a otro por medio de los sueños. Los antiguos griegos también creían que los sueños podrían ser utilizados para mandar mensajes de una persona a otra.

El conocimiento de la telepatía, los sueños y demás ha sido preservado por años por muchos grupos indígenas.

"Telepatía" es una palabra que fue creada en 1882 por Frederic W. H. Myers, un estudioso de lo clásico y fundador de la Sociedad para la Investigación Psíquica.

Al inicio, se referían al fenómeno con otro tipo de palabras o frases como lectura de pensamientos, transferencia de pensamientos y comunicación de pensamientos. Myers creía que "telepatía" era un término más adecuado para el fenómeno. Así pues, se volvió más popular que las expresiones originales. Al inicio, la investigación sobre la telepatía comenzó a finales del siglo XVIII con Franz Anton Mesmer. Mesmer es conocido por popularizar el concepto de mesmerismo, a lo cual también se le conocía como magnetismo animal. Aquellas personas que creían en el magnetismo eran llamadas magnetistas. Entonces, los magnetistas descubrieron que los sujetos magnetizados o hipnotizados podían leer la mente de los magnetistas e incluso a responder. Toma en cuenta que he definido la lectura de mentes como la habilidad para sentir los pensamientos de otras personas y sentir las instrucciones mentales. Esto fue lo que inició el interés en la investigación telepática.

. . .

Posteriormente, en el siglo XIX, la telepatía se volvió un fenómeno observable en la psicoterapia, la cual todavía estaba en su período de surgimiento. Esto motivó el interés de William James en el fenómeno, lo que lo llevó a ser defensor del estudio científico. Considera que la Sociedad para la Investigación Psíquica (SPR por sus siglas en inglés) fue fundada en 1885. Fue entonces cuando el estudio científico de la telepatía comenzó realmente. De hecho, la telepatía fue la primera habilidad psíquica en ser observada y estudiada científicamente.

Esto se hizo para establecer una relación entre el fenómeno psíquico y la ciencia. El estudio científico de la telepatía fue el principal objetivo para establecer una sede americana de la SPR en 1885. William James fue uno de los miembros de la Sociedad Americana para la Investigación Psíquica que llevó a cabo experimentos respecto a la telepatía.

Los experimentos iniciales fueron relativamente sencillos y directos. Implicaban poner dos individuos en habitaciones diferentes. Una persona actuaba como aquella que mandaba números, palabras e imágenes. La otra persona servía como receptora de números, palabras e imágenes.

. . .

Luego, el fisiólogo Charles Richet introdujo las posibilidades a las pruebas, lo que llevó al descubrimiento de que la telepatía puede suceder fuera del hipnotismo. Con la adición de la posibilidad matemática a los experimentos, las pruebas se volvieron más avanzadas. Tiempo después, en 1930, J. B. Rhine, un botánico americano y miembro de la Universidad de Duke en Carolina del Norte, comenzó los experimentos de percepción extrasensorial (ESP por sus siglas en inglés). Las pruebas para estos experimentos implicaban jugar cartas con símbolos especiales. Al inicio, estas cartas se llamaron cartas Zener y luego fueron renombradas cartas ESP. Rhine descubrió que era todo un reto asegurar si la comunicación psíquica de información sucedía por medio de la precognición, de la telepatía o de la clarividencia. Concluyó que la telepatía es la misma habilidad psíquica que la clarividencia, aunque ambas se manifiestan de forma diferente.

También descubrió que la distancia y los obstáculos en realidad no afectan la comunicación telepática entre emisor y receptor. Otros métodos de prueba surgieron como resultado del trabajo de Rhine en la telepatía. A finales del siglo XIX, hubo mínima controversia en la comunidad científica alrededor de la posibilidad de la percepción extrasensorial.

. . .

Con los años, han surgido muchas teorías con el fin de explicar la telepatía y su funcionamiento. Es interesante que ninguna de estas teorías fuera considerada adecuada.

Esto se debe a que, justo como dijo Rhine, las habilidades psíquicas están entremezcladas entre uno y otro. Simplemente no se puede separar a uno de otro para contar los elementos de las experiencias psíquicas. La telepatía no puede ser explicada sin la clarividencia, y esto mismo sucede con otros fenómenos psíquicos. A pesar de los avances de muchas teorías, a la ciencia todavía le falta obtener el entendimiento o explicación de cómo funciona la telepatía. A continuación, hay una lista de las características que han sido observadas con los años. Considera que estas características no son aplicables en todos los casos.

- La telepatía está conectada muy de cerca a los estados emocionales del emisor y del receptor.
- Las mujeres tienen una mayor inclinación a la telepatía que los hombres.
- Las habilidades telepáticas pueden hacerse más fuertes con la edad, posiblemente porque los cinco sentidos físicos se debilitan con la edad. Esto agudiza la facultad telepática de la persona.

- Es más sencillo inducir la telepatía en un estado de sueño.
- Ocurren cambios biológicos específicos durante la telepatía. Por ejemplo, las ondas cerebrales del receptor son iguales a las del emisor cuando comparten un mensaje telepático.
- La telepatía se hace más fuerte durante la luna llena. Esto sugiere que el campo de energía cósmica juega un papel en la emisión y recepción telepática de mensajes.

Como dijo Rhine, las habilidades psíquicas conocidas para los humanos están todas mezcladas entre ellas.

Podrías considerar que la telepatía es como alguien que escucha los pensamientos de otra persona. En el mundo psíquico, a esto se le conoce como clariaudiencia, lo que básicamente significa escuchar claramente. La clarividencia es la habilidad que implica ver o visualizar los pensamientos y emociones de otra persona. La clarisentencia es la habilidad para sentir los pensamientos y emociones de otra persona. Debes tomar en cuenta que una similitud en estas habilidades psíquicas es que todas tienen que ver con tener acceso a información sobre otra persona de forma paranormal. Esto demuestra que estas habilidades en verdad se mezclan unas con otras.

. . .

Aunque es una habilidad no suele estar asociada con los humanos, uno esperaría que las personas no creyeran en la existencia de la telepatía o de cualquier otra habilidad psíquica. Con los años, han existido casos comprobados de fraude psíquico. Se ha demostrado que muchas personas que han dicho poseer poderes psíquicos son en realidad mentirosas y fraudes que han engañado a la gente por razones egoístas. A pesar de estos casos, muchas personas todavía creen que las habilidades psíquicas como la telepatía y la clarividencia existen. Hay muchas razones para esto. Recientemente, un reporte descubrió que aquellos que creen en lo psíquico tienden a pensar menos objetivamente o analíticamente. Esto significa que tienden a ver las cosas desde una perspectiva personal, lo cual no necesariamente es malo. Otra razón por la que las personas creen en las habilidades psíquicas se debe a la existencia de descubrimientos positivos en las investigaciones científicas. Debido a las evidencias mezcladas por parte de la comunidad científica, los creyentes en las habilidades psíquicas tienen razones para aceptar las declaraciones que dicen que son genuinas y reales. Mientras siga habiendo casos que sugieran que estas habilidades son reales o posibles, los creyentes seguirán creyendo. Esto no implica nada malo necesariamente.

. . .

La telepatía no sólo se considera como la habilidad para comunicar pensamientos e ideas.

También se cree que la telepatía se puede utilizar para influenciar los pensamientos y las ideas de los demás.

Cuando esto sucede, la telepatía se vuelve control mental.

Ya que hemos proporcionado un vistazo a la historia de la telepatía y a las preocupaciones científicas alrededor de este fenómeno, los siguientes capítulos se concentran en revelar los secretos de la telepatía y cómo funciona según lo oculto.

2

Tipos de telepatía

La telepatía es una combinación de diferentes actividades psíquicas, las cuales todas tienen su centro en la mente. Por lo general, cuando piensas en comunicación, piensas en la comunicación oral o verbal por medio de la escritura o el habla. Pero como ya hemos explicado, la telepatía es la comunicación por medio de la mente. Si piensas en los superhéroes y los alienígenas cuando escuchas hablar de la telepatía, eso está bien. Sin embargo, la realidad es diferente. No necesitas una capa a fuerzas para tener la habilidad de comunicarte con los demás utilizando la mente. La telepatía es una habilidad que ya tienes, incluso si todavía no lo sabes. Es por eso que el propósito de este libro es ayudarte a "desbloquear" tus dones. La telepatía es más natural de lo que probablemente piensas.

. . .

Todos tienen la habilidad innata para sintonizar con el consciente de otras personas para intercambiar mensajes con ellas.

Las actividades telepáticas varían de persona a persona. Cuatro actividades telepáticas muy conocidas se manifiestan en los humanos. Estas son:

- Lectura de mentes: ser capaz de sentir o escuchar lo que sucede en la mente de otras personas.
- Comunicación mental: comunicarse directamente con otras personas sin utilizar palabras o gestos.
- Impresión telepática: implantar palabras o pensamientos en la mente de otra persona. También se puede plantar una imagen.
- Control mental: ser capaz de influenciar y controlar las acciones de otra persona al controlar sus pensamientos.

Para que comprendas por completo la telepatía, debes comprender la conciencia humana más allá del nivel superficial. Debes comprender la a un nivel mucho más profundo. Los humanos generalmente tienen una conciencia, la cual es esencialmente la conciencia de las sensaciones.

La conciencia es la base de toda la experiencia humana. Cuando comprendas la conciencia humana a profundidad, también vas a comprender que es posible conectarse con la conciencia de otras personas. Se puede hacer esto al alinear tu red de conciencia con la de la otra persona que elijas. Otra forma de comprender esto es ver las cosas desde una perspectiva de energía. Los humanos vibran con energía. Cada humano tiene un campo de energía que lo rodea, al cual también se le conoce como aura. Por medio del aura puedes transmitir frecuencias de tu campo de energía a la otra persona. Cuando tu frecuencia de vibraciones se alinea con la de otra persona, se vuelve posible la comunicación telepática con esa persona. De esta forma, no necesitas sus sentidos para comunicarte, ya que has establecido una conexión áurica.

De hecho, las habilidades psíquicas, como la clarividencia, la clarisentencia y la clariaudiencia se activan por medio de la comprensión del campo áurico. Y, ya que hemos establecido que estas habilidades están todas conectadas a la telepatía de una forma u otra, tienen sentido que el campo de energía vibratoria también juegue un papel en la comunicación telepática. Muchas personas creen que los psíquicos son los únicos que tienen estas habilidades, pero eso no es cierto. Los psíquicos no son muy diferentes de ti.

. . .

No necesariamente poseen una habilidad especial más allá de las que están presentes en todo el mundo. Sin embargo, la diferencia es que los psíquicos le han dedicado el esfuerzo requerido a comprender y aumentar sus habilidades. Por lo tanto, se ha vuelto algo más natural para ellos.

Ahora vamos a explicar a profundidad las cuatro actividades telepáticas más comunes que ya hemos mencionado antes.

Lectura de mentes

La forma más sencilla para definir o pensar en la lectura de mentes es la habilidad intuitiva para conocer los pensamientos no hablados. La lectura de mentes es una de las actividades telepáticas más comunes en las que muchas personas se involucran, ya sea consciente o inconscientemente. Sin duda, al menos has tenido un momento en el que sabías lo que estaba en la mente de una persona sin que ella te lo dijera. O pudo ser que otra persona te dijera algo que estabas pensando sin que tú le hubiera dicho lo que era. Esta experiencia no está limitada solamente a ti o a unas cuantas personas. La experiencia es bastante común.

Leer los pensamientos de otras personas comienza al leer a las personas mismas. Entre mejor seas a la hora de leer a las personas, serás mejor leyendo las mentes. Al aprender a poner atención a las pequeñas cosas que parecen triviales que las personas expresan con sus cuerpos físicos y palabras, puedes aprender a descubrir lo que no se dice con la boca o el cuerpo. Hasta cierto punto, es probable que hayas leído lo que estaba en la mente de una persona sin tener la intención de hacerlo. Inconscientemente, los humanos observan y comprenden ciertas cosas sobre otras personas. Pero, ya que el esfuerzo es subconsciente y a veces inconsciente, no le ponemos mucha atención a esta habilidad; incluso muchas personas desechan la posibilidad.

La lectura de mentes es una habilidad innata, todo el mundo la posee. Sin embargo, supongamos que no te entrenas a ti mismo y te concentras en utilizar esta habilidad de forma consciente. En ese caso, la habilidad no puede ser desarrollada por completo hasta el punto en el que puedas usarla de forma confiable. Los individuos que han dominado el arte de la lectura de mentes pueden imitar los pensamientos y emociones que las personas que conocen y con las que interactúan. Tome en cuenta que la definición de la lectura de mentes es la habilidad para sentir los pensamientos y emociones de otros.

. . .

Esto significa que no tienes que escuchar sus pensamientos en tu propia cabeza, sino que en puedes saber cuáles son. Sentir los pensamientos y emociones de otras personas es posible de varias maneras. Pero la manera más sencilla es concentrarse en la persona cuyos pensamientos quieres leer e intentar empatizar con ella. En términos sencillos, te pones en los zapatos de esa persona.

Al hacer esto puede saber el estado mental de esa persona.

Leer la mente de otra persona es sencillo si comprendes ciertas cosas. Lo primero que necesitas comprender es que no puedes leer la mente de otra persona a menos que abras tu espíritu. La lectura de mentes requiere abrir tu aura a las personas a tu alrededor. Ciertas cosas, como el estrés, la frustración, la ansiedad y ese tipo de cosas, suelen impedir que una persona se abra a los demás. Para superar este obstáculo, primero debes asegurarte al momento presente. Esto significa que tienes que dejar ir todos los pensamientos y emociones, dejando tu mente vacía para darle espacio a la información de la otra mente. Debes estar dispuesto a absorber la energía que te rodea mientras mantienes tus propios pensamientos dentro de sus límites. Luego, también necesitas "ver" a la otra persona.

En ese sentido, ver a la persona se refiere a hacer consciente de su energía y frecuencia. Esto te da la tan necesaria perspectiva de su situación. Por último, tienes que concentrarte en ella. La concentración te permite conectar con su energía y cuerpo sutil, lo que te revela mucho sobre la persona.

Comunicación mental

Esta es la comunicación directa con otra persona sin el uso de palabras o gestos corporales. La comunicación mental es lo que la mayoría de las personas considera telepatía; descuidan los otros aspectos, incluyendo la lectura de mentes, la impresión y el control. La comunicación mente a mente ocurre de formas ordinarias en la vida diaria. Tal vez ya te hayas comunicado mentalmente con otra persona sin haber puesto atención a ese hecho.

Es de sentido común que los humanos siempre están en contacto con los demás por medio de la comunicación mental en las interacciones del día a día. Cada día mandamos y recibimos pensamientos, emociones, mensajes e información más allá de los cinco sentidos, los cuales se supone son los medios de comunicación.

. . .

Seguramente ya habrás escuchado de alguien que dice que está "en contacto" con sus seres amados. Cuando las personas dicen esto, puede parecer que simplemente lo están diciendo sin una razón, pero ese no es el caso.

Uno puede detectar pensamientos, emociones, humores y deseos de los seres amados sin importar la distancia y otros factores. Por ejemplo, una madre puede saber cuándo su hijo, que está a cientos de kilómetros, está en peligro. ¿Cómo es esto posible? Sin duda, es posible detectar el estado interno de otra persona al leer su expresión facial, lenguaje corporal, tono de voz, etcétera. Pero el hecho es que también te comunicas frecuentemente con otras personas a niveles más allá del físico, es decir, más allá de lo que es observable al nivel físico. Todavía no estás en sintonía con la actividad de forma consciente. ¿Alguna vez has pensado en alguien y luego has recibido una llamada de su parte poco tiempo después? ¿Qué tan seguido entras a una habitación e inmediatamente puedes saber si no le agradas a alguien en ese lugar? La comunicación mental se manifiesta de formas diferentes.

Contrario a lo que puedes pensar, tus pensamientos son tangibles. Tienen una forma, pero no de manera rígida como las cosas del mundo físico.

. . .

Los pensamientos pueden ser percibidos y transmitidos más allá de los sentidos físicos. Dependiendo de tu percepción, los pensamientos pueden asumir formas y colores. Siempre se están moviendo y cambiando de maneras más allá del entendimiento ordinario. Sin embargo, el estado presente del mundo ha hecho aún más difícil la comunicación mental con otras personas. En el mundo moderno estamos desconectados de la naturaleza, somos adictos a la tecnología, y nuestra psique está continuamente bombardeado con todo tipo de información y mercadotecnia. Todo esto hace que sea muy difícil sintonizar con nuestros sentidos extra físicos para comunicarnos con otras personas. Eso afecta nuestra habilidad para conectar y mantenernos en contacto con los demás, tanto de forma intuitiva como empática.

Para las personas indígenas que han logrado preservar la integridad estructural de su cultura, la comunicación mental y la telepatía como algo completo son una parte normal de sus experiencias diarias. Como resultado, aquellas personas que eligen ser chamanes o psíquicos pueden desarrollar estas habilidades a niveles que pueden llegar a parecer extraordinarios. La habilidad se fortalece y se desarrolla por medio de la inmersión de la persona que en prácticas espirituales complementarias. Al igual que cualquier otra habilidad, se puede mejorar con la práctica y la concentración.

La impresión telepática de hecho entra dentro de la categoría de comunicación mental. Implica dejar palabras, pensamientos e incluso ideas en la mente de otra persona. Psicológicamente, a esto se le puede conocer como una técnica de manipulación. Aun así, realmente depende del tipo de información que se implante.

Además, esto se hace de forma telepática. La manipulación en la psicología suele implicar la sugestión de pensamientos e ideas en la mente de otra persona por medio de la comunicación oral. La impresión telepática, por otra parte, se hace sin el uso de palabras o cualquier cosa relacionada. Uno simplemente proyecta una imagen, una palabra o una idea en la mente del otro individuo para que así vea exactamente lo que está en la mente del emisor.

Control mental telepático

La telepatía también se puede utilizar para influenciar o controlar los pensamientos y emociones de otra persona. Cuando controlas o influencias a alguien más con tu mente, a eso se le llama control mental. En sí mismo, el control mental es un término muy amplio. Se puede utilizar en diferentes contextos.

Cuando piensas en control mental, es probable que la primera cosa que venga a tu mente es la esclavización de otra persona. Incluso en las películas en los programas de televisión, el control mental se utiliza para que las personas se vuelvan marionetas o robots. Sin embargo, esto sólo sucede en un entorno ficticio. En la realidad, lo que más se llegara a parecer al control mental, tal y como lo representan las películas, se encuentra en ciertas prácticas religiosas, específicamente las que tienen mucha demanda como son los cultos y las organizaciones ideológicas. En estas prácticas utilizan la privación extrema de sueño, hipnosis, drogas que alteran la mente, manipular a las personas para que se cuestione su propia salud mental, influencia subliminal, etc. para controlar a influenciar los pensamientos y emociones de los miembros. En la mayoría de los casos, estos métodos realmente funcionan, pero sólo si se aplican de forma colectiva. Individualmente, no pueden controlar los pensamientos y las emociones de otras personas.

No obstante, telepáticamente hablando es muy posible influenciar los pensamientos de otra persona al implantar otras cosas en sus mentes. Cuando controlas telepáticamente los pensamientos de alguien más, estás controlando sus acciones sin darte cuenta. Esto se debe a que los pensamientos predicen las acciones.

. . .

Por desgracia, las personas malvadas intentan utilizar el control mental telepático en otras personas durante la noche cuando están durmiendo. Hacen esto porque es mucho más fácil ejercer control sobre la mente cuando la persona está dormida. El control mental telepático se trata por completo de influencia se puede lograr con o sin el uso de estrategias o herramientas externas. Puede ser beneficioso o destructivo, dependiendo de las personas involucradas. Cuando se utiliza de forma positiva, el control mental telepático también puede ayudar a facilitar los cambios de vida que son beneficiosos. Por otra parte, también puede destruir a la persona cuando se usa de forma negativa. Como he dicho antes, todo esto depende de la persona que ejerce la influencia sobre la mente de alguien más. Esta es la razón por la cual las personas indígenas han intentado limitar el conocimiento de la telepatía a las personas que se cree que son puras de corazón.

Muchas personas creen que estas cuatro actividades telepáticas son tipos de telepatía, pero no es así, razón por la cual he explicado primero que estas cuatro actividades.

Contrario a este malentendido tan común, existen tres tipos de telepatía: telepatía por instinto, telepatía mental y telepatía espiritual.

Algunas personas también consideran la telepatía animal como un tipo de telepatía. La telepatía mental y por instinto, ambas han sido sustentadas por estudios científicos que datan del siglo XIX. La telepatía espiritual se explica mucho mejor desde la perspectiva espiritual.

Vamos a explicar cada uno de estos tipos de telepatía, uno por uno.

Telepatía por instinto

¿Tus instintos alguna vez te han dicho algo que resultó ser cierto? Si alguna vez has tenido esta sensación o pensamientos sobre alguien que resultó ser correcto, a esto se le conoce como un presentimiento porque viene de una parte que es interior a ti. Un presentimiento es un ejemplo perfecto de una manifestación de la telepatía instintiva. La telepatía por instinto es el tipo más común de telepatía. Es el tipo de telepatía que los humanos comparten con los animales.

La telepatía por instinto todavía es muy usada como una forma de comunicación entre las personas indígenas.

. . .

Es una forma de comunicación por medio del chakra del plexo solar, el cual es el chakra de la emoción y el instinto.

Los sacerdotes hawaianos nativos, a los cuales se les conoce popularmente como Kahunas, creen que el plexo solar es el origen de la telepatía instintiva. Creen que los mensajes telepáticos se mandan y se reciben entre las personas por medio del plexo solar. Para lograr la telepatía instintiva con otra persona, tu plexo solar tiene que mandar el mensaje, el cual luego es detectado por el plexo solar del receptor. Los Kahunas también creen que el cuerpo etérico de una persona manda un hilo plateado y pegajoso al plexo solar de la otra persona, estableciendo así una conexión entre las dos. Después de eso, los mensajes telepáticos se envían por medio del hilo conector. De acuerdo con los Kahunas, el mensaje telepático primero es recibido por el ser inferior, el cual también es el ser instintivo. El ser inferior es llamado Unhipili. Desde el ser inferior, el mensaje se manda al Uhane, el ser medio o racional. Por último, el mensaje se eleva hasta la mente y se vuelve un tipo de memoria. Cuando la comunicación telepática repetidas sucede entre dos personas de esta manera, el hilo plateado eventualmente se vuelve una cuerda y la cuerda etérica tiene como resultado una comunicación telepática más fuerte entre dos o más personas.

. . .

Puedes mandar las cuevas desde tu cuerpo etérico a los extraños con un simple saludo de mano o una mirada.

Es interesante que las personas indígenas de otras culturas tienen creencias similares a los Kahunas de Hawái. Los hombres indígenas del Kalahari de África creen que hay un cordón en el ombligo que conecta a los humanos con otras criaturas vivas. Creen que este cordón es una tira plateada de energía que está presente en todas las criaturas. Por medio de este cordón, los hombres del Kalahari fueron capaces de mandar y recibir mensajes telepáticamente. Los aborígenes de Australia creen que su *miwi* hace que sea posible para ellos comunicarse a distancia.

Se cree que el miwi está localizado en la boca del estómago. Se puede traducir como instinto o alma. También se cree que el miwi hace posible predecir el futuro. Así como los Kahunas hawaianos, los japoneses también creen que el plexo solar hace posible la comunicación instintiva, no verbal. Ellos creen que su *haragei* hace posible que conozcan las intenciones de otras personas esta palabra se traduce más o menos como vísceras o intestinos. Los hombres de negocios japoneses confían en su haragei cuando toman decisiones de negocios. Si su haragei no conecta con el de la otra persona, es probable que rechazan la oferta de negocios.

Las culturas occidentales utilizan los presentimientos para describir este fenómeno como lo han experimentado los Kahunas, los hombres del Kalahari, los aborígenes australianos y los japoneses.

Es probable que hayas tenido al menos una situación en la que hayas confiado en tus instintos cuando intentaba tomar una decisión. También debes haber tenido momentos en los que tus instintos simplemente te decían que no confiaras en una persona. Los instintos y los presentimientos son todos manifestaciones de la telepatía instintiva. Como ya hemos mencionado, la telepatía instintiva utiliza el chakra del plexo solar, el cual es el tercer centro de energía en el sistema de energías. La telepatía por instinto permite a la persona sentir las emociones y las necesidades de alguien más a lo lejos. Los momentos críticos de la telepatía instintiva suelen ocurrir entre personas que comparten lazos emocionales muy fuertes, como los novios, las parejas casadas, los mejores amigos, gemelos, padres e hijos.

Por ejemplo, quieres algo para tu cumpleaños, algo específico, como un collar con tu nombre grabado. No le digas a nadie porque quieres que te den algo que sí puedan pagar.

. . .

Para tu sorpresa, tu mejor amigo te obsequia exactamente lo que querías para tu cumpleaños. Cuando le preguntas, te dice algo como "simplemente creí que esto era algo que querrías". Este es un buen ejemplo de la telepatía incentiva. Tu mejor amigo fue capaz de sentir tu deseo y necesidad. Te comunicaste con esa persona de forma telepática.

Telepatía mental

La telepatía mental es lo que todos creemos comúnmente como telepatía. La mayoría de las personas no conocen otro tipo de telepatía. La telepatía mental es la telepatía mente a mente. Esta forma de telepatía utiliza el chakra de la garganta para la comunicación. Ocurre en el lugar de los niveles inferiores del plano mental, localizados en el campo áurico. Para practicar la verdadera telepatía mental necesitas un centro de atención preciso y de una sola dirección. La telepatía mental suele confundirse con la canalización de trance. Esta es una forma de médium en la que una entidad asume el cargo del cuerpo de un canal para transmitir un mensaje. La telepatía mental, por otra parte, sucede entre dos mentes conscientes y concentradas. La lectura mental, la comunicación mental, la impresión telepática y el control mental telepático son todos formas de telepatía mental.

Existen dos ejemplos muy conocidos de telepatía mental que son discutidos popularmente en entornos esotéricos y científicos. Estos ejemplos provienen de los trabajos de Alice Bailey, Helena Roerich y Helena Blavatsky. Se creyó que cada una de estas mujeres llegó a trabajar con un grupo de monjes tibetanos de los himalayas. Estas mujeres sirvieron como amanuenses para los maestros tibetanos. Sus libros, en particular los de Helena Blavatsky, fueron de mucha influencia en el esoterismo y en la ciencia. De hecho, se dijo que Albert Einstein era un admirador de los trabajos de Blavatsky. Se dijo que Helena Roerich se había comunicado con el maestro tibetano Morya para crear libros de filosofía espiritual por medio de la telepatía mental. Alice Bailey trabajó con el maestro tibetano Djwal Khul para crear 19 libros que hablaran de la conciencia y de la evolución humana.

Cuando tenía 19 años, Bailey recibió una visita del maestro quien dijo que trabajaría con ella en el futuro.

Veinticuatro años después, Bailey escuchó una voz dentro de su cabeza que le pedía ayuda para escribir y producir una serie de libros. Ella aceptó. Al inicio, Bailey sólo podía escuchar y escribir las palabras conforme aparecían en su cerebro una por una.

. . .

Con el tiempo, conforme sus almas se sintonizaron, ella obtuvo acceso directo a los pensamientos e ideas de su maestro. Por más de 30 años, ella trabajó con Morya para crear una serie de 19 libros. Bailey es la responsable de introducir los conceptos New Age a la cultura pop.

Por desgracia, la verdadera telepatía mental es rara en la actualidad. Para que una persona logre la verdadera telepatía mental, debe estar en sintonía con su subconsciente.

Considera que la telepatía mental puede ser espontánea o deliberada. Podemos presenciar momentos de telepatía mental espontánea cada día. Si otra persona y tú alguna vez han dicho algo de forma simultánea, eso es telepatía mental espontánea. Sin embargo, la telepatía mental deliberada la puede lograr las personas que eligen concentrarse en la práctica de la telepatía con una verdadera intención.

Telepatía espiritual

La telepatía espiritual también se conoce como telepatía de alma a alma. Esta es la forma de telepatía más avanzada y más elevada.

También es la más difícil de lograr. La telepatía alma a alma sucede en el chakra de la corona y en los niveles más elevados del plano mental. Se vuelve posible sólo cuando has establecido exitosamente una conexión entre tu cerebro, mente y alma. Cuando logras alinear tu cerebro, mente y alma, te vuelves un intermediario entre los Reynoso físico y espiritual. Seres espirituales como los ángeles, guías espirituales y lo divino no pueden afectar directamente cualquier cosa en el mundo material. Más bien, requieren a las personas con un enlace de comunicación directa entre su cerebro y su alma. Luego pueden transmitir información, pensamientos e ideas por medio del alma, la cual luego se pasa y se imprime en el cerebro.

Sin la conexión del alma, la telepatía espiritual es imposible. Una conexión entre almas puede ser descrita como una cuerda por las que fluye la energía espiritual entre los centros de energía de dos almas en el plano espiritual.

Imagina que la conexión de las almas es un cable que permite que la energía fluya de un alma a otra. Un ejemplo de la conexión entre almas que es la cuerda de llamas gemelas, la cual hace posible la telepatía entre los gemelos. Pero este no es el único tipo de conexión de alma reconocido que existe entre los humanos.

. . .

Todos tienen conexiones de alma preexistentes con las personas que comparten un grupo de almas. Las conexiones de almas permanecen dormidas hasta que conoces a las personas en tu grupo de almas. Cuando las conoces, la conexión de alma se activa, lo que hace que la comunicación telepática sea posible y sencilla. Por medio de la conexión del alma puedes mandar y recibir energía. Esto aumenta significativamente tu habilidad para ponerte en los zapatos de otras personas, lo cual es parte de lo que requiere la telepatía. El potencial de la telepatía espiritual es uno de los beneficios de compartir energía espiritual por medio de la conexión de almas.

Telepatía animal

Algunas personas se pueden comunicar telepáticamente con los animales. Los animales también se comunican entre ellos de forma telepática. La comunicación telepática entre dos humanos no es muy diferente de la comunicación telepática entre humanos y animales. Ambas suceden a través de la mente. Ya que los animales no se pueden comunicar de forma verbal, pero de todas maneras encuentran formas para mandar y recibir mensajes entre ellos, se cree que la telepatía es el lenguaje del reino animal. Aunque muchas personas no se dan cuenta, los animales son seres que sienten.

Tienen sus propios deseos, propósitos y elecciones para comunicarse con las personas que están dispuestas a escuchar o a poner atención. Los comunicadores animales pueden comunicarse telepáticamente con los animales para determinar sus pensamientos, emociones, necesidades y deseos. Muchas personas acuden a los comunicadores animales para que los ayuden a interactuar con sus mascotas. Si llegas a dominar las técnicas de telepatía en este libro, también puedes comunicarte con tu mascota de forma telepática.

No olvides que la telepatía mental es el objetivo de este libro. Requiere cuatro actividades: leer, comunicar, imprimir y controlar. A lo largo de este libro vas a descubrir cómo practicar cada una de estas habilidades telepáticas.

3

Los beneficios de usar telepatía

Las habilidades psíquicas tienen muchos beneficios; razón por la cual muchas personas las llaman dones.

Naturalmente, entre más receptivo te vuelvas a la comunicación psíquica, más avanzado te vuelves emocional, mental y espiritualmente. Limitar tus habilidades a mandar y recibir información con tus cinco sentidos es lo mismo que limitarte a ti mismo como individuo. Mejorar tu comunicación más allá de tus cinco sentidos puede mejorar todos los aspectos de tu vida, desde las relaciones hasta las finanzas y la concientización. Aunque esto te parezca muy extraño, tus problemas de relaciones personales se pueden solucionar a partir de una consciencia psíquica mejorada.

. . .

La telepatía hace que la comunicación sea más efectiva, reduce las posibilidades de malentendidos y errores de interpretación.

Las palabras se pueden interpretar erróneamente, pero si implantas un pedazo de información de tu propia mente dentro de la mente de alguien más, sin importar quién sea esta persona, es mucho más probable que te comprendan como lo deseas.

Todos los seres humanos tienen un banco de inteligencia más elevada accesible a ellos cuando se vuelven más conscientes de lo psíquico. Esta inteligencia elevada supera el alcance de tu razonamiento personal. De hecho, el razonamiento personal es una de las limitantes que todos sufrimos por ser seres humanos. Cuando desbloqueas esta inteligencia más elevada que viene con ser psíquicamente consciente, puedes aplicarla a diferentes aspectos de tu vida. Por ejemplo, digamos que te das cuenta de que tu pareja se siente incómoda. Intentas encontrar la causa, pero no puedes descubrir qué es. Supongamos que eres telepáticamente capaz y receptivo con tus sentidos psíquicos. En ese caso, tienes una mayor probabilidad de ver la causa de su incomodidad. Puedes leer fácilmente su mente para descubrir con precisión qué es lo que está mal, pero eso no es todo.

También tiene la oportunidad de descubrir la solución perfecta para el problema. Existen más formas en las que la telepatía y otras habilidades psíquicas pueden ayudarte a mejorar tu vida personal, social, profesional y espiritual.

Vamos a explicar cómo.

Mejor comunicación

Conforme desarrollas tu habilidad telepática, también mejora tus habilidades de comunicación. No sólo contigo mismo, sino también con las personas a tu alrededor. Una mejor comunicación es uno de los beneficios principales de la telepatía. Hay mucho potencial en el desarrollo de las habilidades telepáticas. Piensa en lo increíble que sería si tan sólo pudieras ver a una persona y descubrir ciertas cosas sobre ella. Sería muy increíble si pudieras leer la mente de una persona y descubrir cosas sobre ella que pudieran mejorar la relación con ella. Con la telepatía puede determinar precisamente cómo se siente una persona, en vez de cómo te dice ella que se siente.

También puedes descubrir la causa de sus emociones, ya sean positivas o negativas.

Cuando conoces a alguien nuevo, puedes utilizar tus habilidades telepáticas para descubrir todo lo que ha vivido hasta ese momento. Esto te ayudará a asegurar la mejor forma de interactuar con esa persona.

Imagina ser capaz de saber con precisión cuando tu ser amado necesita apoyo o cualquier cosa de ti. Piensa en cómo haría sentir a las personas a tu alrededor si tan sólo supieras saber las cosas correctas en cualquier momento, incluso si sólo apenas las conoces por primera vez. Existe un nivel de intimidad que sólo se puede lograr con otra persona cuando sucede la comunicación efectiva. La telepatía te hace emocionalmente inteligente. Cuando puedes saber cuál es la emoción que una persona siente, también sabrás cuál es la mejor manera de responder. Precisamente esto es lo que implica la inteligencia emocional.

La telepatía mejorar tu precisión

Esto se remonta al primer beneficio de la telepatía, es decir, una mejor comunicación. Sin duda, la telepatía es más precisa que cualquier otra forma de comunicación.

. . .

También es más precisa que cualquier lenguaje. Esto se debe a que la telepatía puede comunicar incluso las cosas más abstractas y lo sintético, lo cual suele ser un lenguaje bastante complicado. El lenguaje, ya sea escrito o hablado, es apto para compartir mensajes de menor frecuencia con una estructura lineal. Entre más detallada sea la información, más difícil es comunicarla efectivamente para el ser humano promedio. La comunicación oral o escrita se puede volver subjetiva no importa que tan objetivo intentes ser con tu elección de palabras y gramática. Por ejemplo, puedes decir algo a alguien y esa persona lo va a ver de forma diferente de lo que tú tenías en mente. Esa es una razón por la cual comunicarse por medio del lenguaje tiende a causar conflicto sin importar las intenciones de los que se comunican.

Por otra parte, la telepatía mejora la precisión de la información. Puede comunicar la realidad precisamente como está en la mente del comunicador. Si le quieres decir algo a alguien y no quieres que te mal entienda, todo lo que necesitas hacer es implantar la imagen de lo que quieres decir exactamente como está en tu mente. Hacer esto no permite la mala interpretación. O simplemente puedes mandar un mensaje directo de mente a mente, el cual sería imposible de discutir.

. . .

De cualquier manera, la comunicación es mucho más precisa respecto a cómo comunicas y transmites la información a las personas a tu alrededor. Esto también sucede para las personas que se comunican contigo. Un mundo en el que todos pueden mandar y recibir información directamente por medio de sus mentes es un mundo envidiable.

Mandar y recibir una gran cantidad de datos

Este es otro beneficio de la telepatía que es particularmente fascinante cuando piensas en ello. La telepatía proporciona a los humanos la oportunidad de intercambiar datos extensos con facilidad, sin importar el tamaño.

Y lo más emocionante es que también se vuelve sencillo intercambiar datos multidimensionales. Como dice el dicho, una imagen vale más que mil palabras. En este caso, imprimir la información en la mente es el equivalente a miles de imágenes. Por medio de la impresión mental, puedes intercambiar fácilmente capas de datos multidimensionales que pueden incluir cualquier cosa desde lenguaje hasta sonidos e imágenes. Uno también puede intercambiar otras formas de información que los humanos todavía no han llegado a conocer o identificar.

Las formas actuales de comunicación por medio del lenguaje nos han estado limitando de experimentar una gran cantidad de datos más allá del alcance de las descripciones del lenguaje. La telepatía presenta una oportunidad para mejorar la capacidad y la calidad de la comunicación de forma global. Esta es una de las razones por las cuales podemos estar agradecidos de que la telepatía es algo que todos pueden aprender.

Mayores vibraciones

Para desbloquear tus habilidades de telepatía, la meditación es algo que debes incluir en tu rutina diaria. Se ha comprobado que la meditación aumenta las vibraciones.

Ya sabes que todo lo que existe y está hecho de energía.

Existe una fuente importante de energía que conecta todo lo que existe en el cosmos. Esta energía también fluye a través de todas las cosas. Ahora bien, la energía existe en un espectro. Este espectro está hecho de frecuencias que llamamos vibraciones. De un lado del espectro tienes las vibraciones inferiores o bajas.

· · ·

Estas son frecuencias densas que se asocian con las emociones y los sentimientos negativos, como el enojo y la envidia. Del otro lado del espectro tienes las vibraciones elevadas o altas, frecuencias asociadas con emociones y sensaciones positivas como el amor y la felicidad. Cuando estás en el lado de la vibración elevada del espectro, significa que la energía que fluye a través de ti es una de amor y felicidad. Este es el mismo tipo de energía en la que existen los seres elevados. Esta también es la frecuencia en la que puedes encontrar tu ser elevado; ahí es donde viven las almas. De hecho, todos tienen su ser elevado en el estado de altas vibraciones. Esto significa que estar en un estado vibracional alto te permite conectar con tus se ha elevado y con la conciencia colectiva del universo. Esto te da acceso a la información de los ángeles, de los guías espirituales, de los maestros ascendidos e incluso de lo divino.

La telepatía requiere meditación diaria para mantenerte en la mentalidad adecuada para utilizar tus habilidades psíquicas. La meditación te ayuda a alcanzar el estado vibracional elevado que necesitas para acceder a tus habilidades psíquicas. Cuando te encuentras en ese estado vibracional elevado, tus portales psíquicos se abren y tus vibraciones están al máximo nivel. Entre más practiques la telepatía, más cerca estarás del extremo más elevado del espectro de energía.

Y entre más cerca estés del estado vibracional elevado, te volverás mejor utilizando tus habilidades telepáticas, así como otras habilidades psíquicas. Es una situación en la que sales ganando ya que necesitas llegar a un estado vibracional elevado para desarrollar más tus habilidades.

Abrir tus centros de energía

Tus siete chakras conforman tus centros de energía. Son los portales a través de los cuales fluye la energía de los campos de energía de tu cuerpo físico. Unas chakra saludables y balanceados son muy importantes para tu bienestar físico, mental, emocional y espiritual. Los chakras son esenciales. Sin ellos no podrías utilizar ninguna de las habilidades psíquicas que tienes. De hecho, necesitas mantener los chakras abiertos y balanceados en todo momento si quiere ser capaz de comunicarte psíquicamente. Tus chakras están directamente relacionados con tus portales psíquicos. ¿Recuerdas lo que hemos hablado de los Kahunas y de los japoneses que creen que el plexo solar es el responsable de la comunicación distante? Bueno, hay un el chakra del plexo solar que está relacionado con el plexo solar, y cuando este chakra se abre, te hace clarisentiente.

. . .

Esto significa que serás capaz de sentir los pensamientos, emociones y necesidades de otra persona por medios psíquicos. Como ya hemos establecido, la telepatía está relacionada con otras habilidades psíquicas, como la clarividencia, la clarisentencia y la clariaudiencia. Si en estas otras habilidades, es seguro decir que tal vez descubras que la telepatía es difícil o imposible. Lo bueno es que es improbable que poseas una de estas habilidades sin poseer las demás.

Para abrir tus portales psíquicos, tienes que trabajar y en abrir tus chakras y asegúrate de que se mantengan abiertos y balanceados en todo momento. Esto se logra por medio de la meditación. Las meditaciones para el chakra son esenciales para mantener los chakras balanceados y saludables. La práctica telepática requiere que hagas meditación de chakra para mantener tus chakras, en especial el chakra del tercer ojo, abiertos. De esta forma, la telepatía te ayuda a mantener tus centros de energía abiertos. Esto significa que la energía continuará fluyendo a tu cuerpo físico a través de los centros de energía manteniéndote en un estado saludable y vibrante.

Entre más practiques tus habilidades telepáticas, más va a mejorar tu bienestar físico, mental, emocional y espiritual.

· · ·

Si existe una manera para asegurar que tus portales psíquicos se mantengan abiertos, es el uso regular de tus dones psíquicos.

Consciencia y descubrimiento

Como con todas las habilidades psíquicas, la telepatía mejora tu conciencia sobre ti mismo. Pero no sólo lleva al autodescubrimiento, sino que también te hace más consciente de otras personas. Cuando eres telépata tienes la oportunidad de conectar los patrones de tus acciones con las emociones que sientes en lo profundo de tu ser. Esto también aplica para las personas con las que interactúas.

El autodescubrimiento es algo que todo el mundo debería vivir en su camino en este mundo. Ser telépata hace que el autodescubrimiento sea más sencillo. La telepatía requiere que estés más en sintonía con tu conciencia. Esto es precisamente lo que necesitas para descubrirte a ti mismo y volverte más consciente de ti mismo. Cuando el autodescubrimiento y la autoconciencia suceden, eso tiene como resultado el lado confianza en uno mismo.

. . .

Desarrollar la parte psíquica de ti mismo es todo lo que necesitas para tener más confianza en ti mismo y en tu propósito en la tierra. Hace que sea más sencillo para ti enfrentarte y superar los retos.

Digamos que has perfeccionado tus habilidades telepáticas desde la lectura de mentes hasta la comunicación, la impresión y el control mental. Entonces conoces a alguien con quién intentas hacer un trato. No lo sabes, pero esta persona tiene otros planes para ti, algo negativo. Y algo que esta persona no sabe es que tú puedes leer su mente.

Así pues, lees su mente y descubres sus pensamientos y emociones respecto a ti. Con este conocimiento puedes cancelar el trato rápidamente. Al hacer esto, has utilizado tu habilidad para superar un reto que pudo haber prevenido que cumplieras uno de tus propósitos. La telepatía te proporciona validación para tus emociones y pensamientos. Si te sientes de forma negativa respecto a una persona que parece ser agradable y amigable, tal vez te culpes a ti mismo por sentirte de esa manera. Sin embargo, si utilizas tu don de telepatía para revisar su mente, tal vez seas capaz de descubrir porque te sientes de esa manera respecto a esa persona. Es soledad validación a tus emociones.

. . .

No importa qué tipo de persona aparente ser, si tus instintos no la aceptan, es probable que debas ser precavido.

Te prepara para recibir mensajes espirituales

La telepatía requiere que estés presente en el momento.

Esto se logra por medio de sesiones de meditación.

Cuando meditas, dejas que tu mente entre en un estado de paz y tranquilidad. El tu objetivo de la meditación para despertar y mejorar tus habilidades telepáticas es calmar tu mente para lo que está a punto de mandar o recibir. Esto es muy importante para conectar con tu conciencia elevada o espíritu. Tienes que entrar a este estado si quieres utilizar la telepatía espiritual para recibir mensajes del plano espiritual. Estos mensajes pueden ser cualquier cosa, desde una guía hasta una advertencia. El porqué necesitas lograr un estado mental tranquilo antes de recibir los mensajes de espirituales es algo bastante claro.

. . .

Imagina que te encuentras en una habitación con mucha gente y ves a una persona que conoces del otro lado del cuarto. Saludas con la mano e intentas decirle hola, pero esta persona no te regresa el saludo ni dice nada. Obviamente, no te puede ver o escuchar porque la habitación está repleta de gente. Ahora, imagina que te encuentras en la misma habitación y no hay nadie excepto tú y esa persona. Él o ella será capaz de ver y escuchar todo lo que digas y hagas inmediatamente cuando entres a la habitación. Así es cómo funcionan la telepatía y la meditación. Sin la meditación regular, sería imposible mandar y recibir mensajes telepáticos. No puedes intercambiar información si tu mente es un lugar caótico; el mensaje se vería interrumpido y no serías capaz de encontrarle algún sentido. No obstante, cuando la mente está en silencio, significa que tu mente está en el espacio necesario para que el Espíritu te mande mensajes. El ruido mental hace que sea imposible recibir la guía del plano elevado. Al practicar regularmente la telepatía mental con las personas a tu alrededor, te abres a la posibilidad de la telepatía espiritual. El uso regular de las habilidades telepáticas significa que tu mente se mantiene en un estado de paz y tranquilidad constante. Esto es precisamente lo que necesitas para conectar con la conciencia colectiva.

La telepatía es una forma efectiva de conectar con el espíritu y recibir instrucciones y otra información de utilidad.

. . .

Oportunidad para explorar los planos elevados

Cuando finalmente eres capaz de establecer una conexión con el Espíritu al practicar con regularidad tus habilidades psíquicas, te abres a la posibilidad de visitar y explorar los reinos espirituales. Como ya hemos aclarado, la telepatía requiere que estés en sintonía con tu conciencia y con la conciencia colectiva del universo.

Llegar a este estado te abre a varias oportunidades que otras personas no tienen el privilegio de conocer. Existen ciertos lugares a los que tu cuerpo físico no puede acceder. Sin embargo, tu alma o espíritu puede visitar esos lugares. Sin embargo, antes de que tu espíritu obtenga el acceso a estos lugares, necesitas de estar en un estado de altas vibraciones. Como ya hemos establecido, la práctica de la telepatía es útil para incrementar tus vibraciones, lo que significa que tienes más probabilidades de conectar con tu alma. Con tu alma puedes explorar los reinos espirituales y tener acceso a información importante. Puedes conocer ángeles, maestros, guías espirituales, etc. Hay muchas cosas por aprender sobre ti mismo y sobre el cosmos cuando visitas a los reinos espirituales.

. . .

Si no realizar ciertas cosas que la práctica de la telepatía requiere que hagas, tal vez no logres nada de esto.

Mejores relaciones

¿Cómo serían tus relaciones si pudieras comunicarte efectivamente y con precisión sin ningún obstáculo? ¿Cómo serían si estuvieras en sintonía contigo mismo y siempre presente en el momento? ¿Cómo serían tus relaciones si pudieras resolver cualquier problema al descubrir directamente lo que está en la mente de la otra persona?

Cuando todo esto es posible, el resultado final son mejores relaciones. Una de las mejores formas de mejorar tus relaciones con otras personas es trabajar en tus habilidades de inteligencia emocional. Existen muchos libros sobre la inteligencia emocional, pero en realidad necesitas estos libros. La inteligencia emocional es una de esas cosas que vienen en conjunto con ser telépata.

Tu relación con las personas, las plantas, los animales y otras criaturas va a mejorar significativamente cuando puedas crear una conexión telepática con ellos.

. . .

Transparencia

La total transparencia se vuelve algo factible cuando todos utilizan la telepatía. Como ya hemos explicado antes, la telepatía hace posible que nosotros nos comprendamos el uno al otro de la forma más extraordinaria posible. No habría limitaciones ni obstáculos para comunicarnos con todo el mundo cuando todos están en sintonía con su ser telepático. Cuando esto suceda, significa que habrá una completa transparencia de los pensamientos, emociones y acciones de todo el mundo. Esto puede parecer algo aterrador al inicio. Después de todo, ¿que sería más aterrador que la posibilidad de que todo el mundo tenga acceso a la mente de los demás? La idea de que la persona de al lado sea capaz de ver todos tus pensamientos es algo aterrador. Sin embargo, este miedo se disipará rápidamente cuando te des cuenta de que la vida es mejor si no estamos intentando encontrarle sentido al mundo y a las personas todo el tiempo.

Una vez que comprendas las verdaderas razones detrás de las personas, como el dinero, el poder o el estatus, puede ser que incluso seas capaz de ayudarles a curarse de esa obsesión con cosas terrenales.

. . .

La telepatía tiene muchos otros beneficios que se vuelven aparentes conforme sigas practicando tu habilidad y utilizando tu don.

¿Cómo puedes saber si tienes el don de la telepatía? Todo el mundo tiene latente este poder; pero no todos saben qué buscar. El siguiente capítulo te proporcionará diez señales a las cuales debes poner atención si quieres saber si eres un telépata dotado.

4

Diez señales de que tienes el don

Las personas creen que la telepatía es un don psíquico aislado, separado de la clarividencia y otras habilidades.

Esta no es la forma correcta de pensar sobre la telepatía.

Para ser un verdadero telépata, tienes que ser clarividente, clarisentiente, claricognosciente, etc. También, la mayoría de las personas creen que la telepatía es una habilidad complicada que no pueden aprender las personas comunes. Una vez más, esto es equivocado. Hasta cierto punto, todos tienen presentes en ellos un nivel de habilidad psíquica, incluyendo la telepatía. Por ejemplo, cuando conoces a un extraño primero te conectas automáticamente con su energía.

Incluso cuando no conoces a la persona, sus auras de todas maneras se pueden conectar. Por eso es que puedes conectar con una persona con la que solamente has hablado por teléfono. Entramos al aura de la otra persona incluso antes de conocernos físicamente. No lo sabes todavía, pero la telepatía tiene un papel importante en la forma en la que te conectas con las personas.

Las personas que conocerás en tu futuro son personas con las que tu yo interno ya ha establecido una conexión telepática, probablemente porque comparten el mismo grupo de almas. Antes de que conozcas a alguien nuevo, tu yo interior ya ha contactado con esa persona telepáticamente. Esto sucede de forma subconsciente así que, por supuesto, no sabes cuándo sucede. Hasta cierto punto, sólo te vuelves amigo de aquellos individuos con los que compartes ciertas similitudes. Las similitudes entre tus amigos y tú se transmiten y son posibles en primer lugar por medio de la conexión de energía; luego, esta conexión establece el enlace telepático por medio de las similitudes que intercambian.

La mayoría de las personas desarrollan sus habilidades en la infancia. De hecho, las habilidades psíquicas son más prominentes en la infancia la mayoría de las veces.

. . .

En la infancia, uno está en la edad de la inocencia, lo que hace más fácil percibir las sensaciones psíquicas. Entre más crezcas, más difícil se vuelve, a menos que practiques consistentemente y sigas en sintonía con tu ser interior.

Los dones psíquicos pueden ser transmitidos por medio de amigos íntimos o familiares. De forma directa o indirecta, un ser amado te puede enseñar habilidades psíquicas. Sin embargo, a veces uno cultiva las habilidades psíquicas como respuesta a los estímulos del entorno.

Como niño, puedes ver más, sentir más y escuchar más.

Ten en cuenta que existen instintos básicos que existen para ayudarte a sobrevivir a tu medio ambiente. Pero, conforme creces, te vuelves menos sensible a tu entorno. Ciertas creencias que cultivas durante tu periodo de crecimiento de niño a adulto también ayudan a reducir tu conexión con el mundo que te rodea. Por medio del condicionamiento, tu subconsciente reprime tus dones psíquicos y se sumerge por completo en el mundo físico.

Tal vez llegues a aceptar que el mundo físico es el único reino de la realidad.

Lo bueno es que todos dones psíquicos sólo se han reprimido; no dejan de existir por completo. En ocasiones, estos dones pueden aparecer brevemente frente a tus ojos. Por ejemplo, tal vez sientas las necesidades de otra persona antes de que lleguen a decirlas en voz alta y entonces se preguntan cómo fuiste capaz de saberlo.

No existe una forma definitiva con la que las habilidades telepáticas se manifiesten en las personas. Ser existen algunas formas comunes. Un caso es que algunas personas simplemente nacen como clarisentientes.

Personas como está simplemente tienen una sensación clara de que saben sobre todas las cosas. Simplemente saben cosas incluso cuando no tienen la intención.

Algunos nacen con el sentido claro de la vista; a estas personas se les conoce como clarividentes. Pueden ser capaces de ver espíritus y otros seres de otros mundos debido a su habilidad. Cuando naces como clarividente o clarisentiente, tienes una mayor inclinación a tener el don de la telepatía. Algunas personas también tienen el don de la clariaudiencia, la habilidad para percibir estímulos más allá del sentido del oído. Un clariaudiente puede escuchar cosas sin la necesidad de utilizar sus oídos.

Algo que es muy común con estas habilidades psíquicas es el uso de sentidos más allá de los sentidos físicos que todos conocemos. En esencia, esta es la base de la telepatía, la comunicación sin el uso de los cinco sentidos. El punto es que tener unos de estos dones te hace tener una mayor inclinación al don de la telepatía. En algunos casos, cuando este don se ha reprimido, un evento que cambia tu vida puede despertar esa parte de ti. Una vez que esto ocurre, te abres a la exploración de tu don.

Existen varias maneras en las que tu habilidad psíquica se puede volver aparente para ti. Puede ser que incluso hayas utilizado tu telepatía mental antes y te sentiste confundido respecto a cómo fue posible. Bueno, menos mal existen maneras en las que puedes saber si tienes dones telepáticos o psíquicos.

A continuación, aquí presentamos 10 de las formas más comunes para saber si tienes el don de la telepatía.

Algunas de ellas tienen ejemplos que te darán a comprender mejor y saber si antes has estado en una situación similar.

. . .

1.- Tus presentimientos son muy fuertes

Todo el mundo llega a experimentar presentimientos, lo cual es la habilidad para sentir algo respecto a una persona o situación. Lo que sientes puede ser algo bueno o malo, dependiendo de la persona o de la situación.

Supongamos que tu instinto suele ser preciso sobre las personas, eventos o cualquier cosa. En ese caso, significa que tienes presentimientos poderosos. También significa que puedes tener telepatía u otras habilidades psíquicas.

Los presentimientos como un telépata son muy diferentes a los de una persona ordinaria. El impulso suele ser mucho más sustancial. Como telépata, eres más sensible a las percepciones y sensaciones a tu alrededor. Esto explica por qué un telépata puede saber cuándo un ser amado en otro lugar está en peligro o algo similar. Tu impulso psíquico es más vigoroso y claro que el de la mayoría de las personas. Si alguna vez has sentido como que eras jalado hacia una dirección específica, junto con una sensación clara de saber lo que sucedía, entonces puede ser que seas telépata. Además, las personas ordinarias tienen presentimientos de forma aleatoria y ocasional.

. . .

Ser un telépata significa que tu ser instintivo siempre está alerta. La telepatía instintiva es algo normal para ti cuando tienes este don. Ahora que, cuando comienzas a explorar tu don psíquico, te vuelves más abierto a otros tipos de telepatía, como la telepatía espiritual o la telepatía animal. A continuación, un ejemplo de cómo se manifiesta esta señal de telepatía.

Tu mejor amigo acaba de conocer a una persona que le interesa para salir. Por supuesto, tienes que conocer a esta persona, así que tu mejor amigo elige un día para cuando puedan conocerse. En ese día, estás en el lugar de reunión y tu amigo llega con su nueva pareja. Inmediatamente sientes algo extraño sobre esta nueva persona. No sabes qué es, pero sientes que no puedes confiar en ella. No quieres hacer enojar a tu amigo, así que decides guardarte esa sensación para ti mismo. Eventualmente, tu amigo descubre que su nueva pareja no es quien decía ser. Tu presentimiento sobre esa persona demostró ser cierto.

2.- Predices cosas que no han ocurrido con bastante precisión

Es una cosa tener un fuerte presentimiento sobre una persona o una situación, pero predecir el futuro es algo completamente distinto. Sí puedes predecir las cosas antes de que sucedan, tienes un don psíquico muy fuerte, y quizás seas un telépata. Predecir el futuro es una de las señales más evidente de que una persona puede ser un telépata. Además, si las cosas que predices resultan ser ciertas la mayoría de las veces, entonces se vuelve más evidente que tienes este don. En este contexto, predecir el futuro no necesariamente significa que tengas una narración detallada, escena por escena, de algo que va a ocurrir. Las pequeñas ocurrencias y predicciones también cuentan.

Ejemplo: el día es brillante y soleado. El sol brilla mucho y no hay nubes a la vista. Aun así, tienes una fuerte sensación de que va a llover pronto. Tu madre se está preparando para salir de casa. Le dices que lleve un paraguas; se ríe y dice que el cielo está demasiado despejado como para llover. Piensas que probablemente está en lo correcto. Tu madre sale de casa. Pasan 30 minutos y el cielo empieza a oscurecerse y el sol ya no es visible. Las nubes se acumulan y, antes de que puedas darte cuenta, empieza a llover con fuerza.

Esto puede parecer algo sacado de una película de ficción. Sin embargo, si es algo que te ocurre comúnmente, quizás tengas habilidades psíquicas.

3.- Tus sueños son vívidos

¿Alguna vez has tenido un sueño en el que todos se sentía demasiado real que no pudiste olvidarlo por varios días? Este tipo de sueños se conocen como sueños lúcidos.

Si sabes algo sobre los sueños lúcidos, entonces es probable que ya sepas que están relacionados con las habilidades psíquicas. Es más fácil visitar el plano espiritual cuando tienes un sueño lúcido. Cuando una persona se encuentra en el estado de sueño, hay muy poca o nula resistencia. Esto significa que tu mente no puede interferir en con lo que pasa en tu sueño. El mundo de los sueños es el mejor lugar para recibir pistas intuitivas. Entre más te abras, es más fácil llegar a los lugares de mayor consciencia, como el estado de sueños lúcidos. El sueño en este contexto no se refiere solamente a cuando duermes en la noche. También puedes tener sueños vívidos estando despierto. Si sueles tener sueños lúcidos, tal vez tengas poderes psíquicos muy fuertes que comienzan a desbloquearse.

Ejemplo: estás viendo la televisión en la sala, hay una película, pero sientes que comienzas a dormitar. Te cuesta trabajo mantener los ojos abiertos, pero antes de que lo sepas, ya estás soñando. Mientras estás en el mundo de los sueños, sueña sobre un amigo de la secundaria.

No has visto a esta persona desde hace mucho tiempo.

En poco tiempo comienzas a despertarte y recuerdas tu sueño. Es que es algo curioso, pero no puedes deshacerte del recuerdo de ese sueño durante todo el día. Te preguntas por qué, pero lo dejas pasar. Al día siguiente te encuentras con esta persona en tu camino al trabajo.

4.- Eres muy receptivo con los estímulos sensoriales

Esto es algo muy común con las personas que tienen un don psíquico. Así pues, si eres un telépata, tal vez descubras un día que eres bastante receptivo con los estímulos.

Generalmente, los telépatas tienen una gran percepción extrasensorial. Eso significa que sus sentidos son muy agudos, comparados con los de una persona promedio.

Pasar por un despertar telepático aumenta tus sentidos, en especial tu sentido del oído. Cuando comienzas a ver colores de luz justo en tu visión periférica, tal vez estés pasando por un despertar.

Si eres muy receptivo con los estímulos sensoriales, tal vez descubras que puedes sentir los pensamientos y emociones de otras personas antes de que lo comuniquen verbalmente. Por ejemplo, puede ser que termines las oraciones de otra persona bastante seguido. Y esto no sólo sucede con las personas que conoces, sucede con varios individuos. Esto se asocia con la telepatía.

5.- Eres muy empático

Esto está relacionado con la señal anterior, pero de diferente manera. La empatía es la habilidad para ponerte en los zapatos de otra persona. Los telépatas pueden hacer esto debido a su habilidad para sentir los pensamientos y emociones de otras personas. Cuando puedes conocer las razones detrás de los pensamientos y las emociones de una persona, es mucho más fácil empatizar con ella. Si eres del tipo que siente las emociones de otros con gran intensidad, incluso si no están cerca, entonces es muy probable que seas un telépata. Y también eres un empático.

6.- Regularmente experimentas diferentes sensaciones

. . .

Si sueles experimentar una sensación de cosquilleo en el área entre tus cejas, esta es otra señal de que puede ser un telépata. La zona entre tus cejas es el lugar del chakra del tercer ojo. El chakra del tercer ojo es necesario para tu habilidad telepática. De hecho, sin el tercer ojo, muchas de las habilidades psíquicas no serían posibles. No puedes ver más allá de tu vista física si en el tercer ojo. El tercer ojo hace posible ver y sentir cosas que los ojos físicos no pueden ver. El área del tercer ojo suele cosquillear más frecuentemente cuando el chakra del tercer ojo se abre o cuando recibes señales de energía específicas. El cosquilleo puede ser más frecuente durante la etapa de apertura y desarrollo cuando tu chakra se está desarrollando. Por lo general, es inofensivo y suele desaparecer después de un momento. Pon atención al área del tercer ojo y debes estar atento a cualquier cosquilleo o sensación similar.

Una sesión de meditación puede ayudarte a calmar la sensación cuando comienza.

7.- Sientes una fuerte conexión con el mundo espiritual

Ser un telépata hace que desarrolles una conexión con el reino espiritual.

. . .

Como resultado, puedes sentir la presencia de espíritus en el mundo físico más rápido que otras personas. Tu conexión con el mundo espiritual surge conforme te vuelvas más consciente de tu don, así que no te sorprendas. Tal vez descubras que puedes conectarte con el mundo de los espíritus para interactuar con tus seres amados o con los seres amados de otras personas. Es bastante común que las personas con dones telepáticos eventualmente se vuelvan médiums.

8.- Sientes inclinación por la espiritualidad

Muchos espiritualistas no comienzas solo estando interesados en el espiritualismo o en las habilidades psíquicas.

Es bastante común que acudan al espiritualismo cuando se vuelven más conscientes de sus dones. Si estás leyendo este libro, probablemente se deba a que piensas que eres un telépata. Un aspecto del despertar telepático es que suele llevar a las personas al aprendizaje. Si eres un telépata, sin duda sientes la necesidad de aprender más sobre tu don. Conforme te despiertas, comienzas a deshacerte de tu viejo ser, sientes la necesidad de desarrollar tu espiritualidad. Esto te lleva a trabajar más en tu transformación, crecimiento y evolución espiritual.

9.- Recibe destellos intuitivos con más frecuencia

Los destellos intuitivos pueden presentarse de diferentes maneras. Tal vez seas del tipo que recibe visiones por medio del tercer ojo o tal vez sólo sientes cuando algo va a suceder. Aun así, ambas son fuertes señales de que tienes habilidades intuitivas. Dependiendo de quién seas, puedes creer que esto es algo emocionante o aterrador.

Por suerte, puedes hacer varias cosas para minimizar la velocidad con la que recibes los destellos si te dan miedo.

No obstante, hacer esto significa que estás evitando que experimentes el despertar telepático completo. Debes aceptar tus habilidades y utilizarlas para ayudar a los demás.

10. Te dan dolores de cabeza con más frecuencia

Los dolores de cabeza son terribles, pero no puedes deshacerte de ellos cuando estás pasando por el despertar telepático.

. . .

Estos dolores de cabeza son causados por la apertura de tu chakra del tercer ojo y el flujo de energía que resultante. La mejor forma de controlar estos dolores de cabeza es remojar tus pies en agua, de preferencia tibia.

Hacer esto hace que la energía que estás recibiendo aterrice, lo que significa que está siendo alejada de tu cabeza. Considera añadir sales de Epsom al agua, ya que lo hace más relajante.

La primera vez que experimentas tu don telepático, se puede sentir extraño y poco familiar. Pero esto no debería ser una razón para tener miedo. Las sensaciones que experimentas durante el despertar son completamente normales; todos los telépatas experimentan estas cosas.

De hecho, deberías sentirte emocionado porque ahora tienes oportunidad para el crecimiento y evolución espiritual. Así pues, emocionante con tu nuevo viaje. Asegúrate de ser más consciente de ti mismo y de tus alrededores. Si cualquiera de los puntos explicados anteriormente se te hacen familiares, el siguiente paso que puedes tomar es fomentar tus dones telepáticos.

5

Aumentar tus niveles de energía
espiritual

Para comenzar a desbloquear tus dones telepáticos, primero debes comprender con qué sentido psíquico estás trabajando. Como principiante en la práctica de la telepatía, no puedes navegar en el mundo psíquico de forma efectiva a menos que hayas dominado uno de los sentidos psíquicos y hayas descubierto con cuál estás más en sintonía. Es igual a cuando eres un niño y apenas estás comenzando a conocer el mundo; primero tienes que dominar tus cinco sentidos físicos. Hasta que conozcas tus sentidos psíquicos, puedes comenzar a conectar de las experiencias que has tenido con un concepto psíquico. Cuando no eres consciente de con qué estás trabajando, simplemente no puedes encontrar la palabra o el término adecuado para definir tus experiencias. Pero una vez que aprendas estas cosas, tus experiencias se vuelven más entendibles y reales para ti, de tal forma que se alinean con tus habilidades.

Aprender y dominar los sentidos psíquicos es difícil, en especial para psíquicos nuevos que apenas están conociendo el mundo psíquico. Aún más importante, necesitas el conocimiento para determinar en qué parte del espectro de los sentidos psíquicos te encuentras. Al aprender, comprendes lo que es natural para ti y lo que de verdad necesitas mejorar y aumentar. El conocimiento de los sentidos psíquicos reduce el espíritu del mundo que parece estar separado del mundo real. También puede hacer parecer que los dones psíquicos sean menos misteriosos. Así pues, vamos a comenzar con los sentidos "Claris".

Ya hemos mencionado cosas como la clarividencia, la clarisentencia, la clariaudiencia y demás en capítulos anteriores. También hemos hablado sobre la importancia de desarrollar estas habilidades como un telépata. Estas tres son partes de lo que conforman tus sentidos psíquicos. Los sentidos psíquicos también se llaman Claris, los para sentidos, meta sentidos o sentidos del alma.

En tu cuerpo humano físico utilizas los ojos para ver, la nariz para oler, la piel para sentir, la lengua para saborear y los oídos para escuchar. Pero cuando se trata de los sentidos Claris, puedes llegar a experimentar todas estas sensaciones, pero no por medio de los sentidos físicos.

Esto significa que puedes ver sin utilizar tus ojos físicos.

Tienes más sentidos psíquicos que sentidos físicos. No obstante, relacionar los sentidos psíquicos con tus cinco sentidos ordinarios hace que sea más fácil de comprender.

Después de todo, los sentidos psíquicos también realizan las funciones de tus sentidos físicos. La única diferencia es que estos sentidos te permiten sentir cosas que están más allá del mundo físico.

Una cosa que comparten todos los sentidos psíquicos es que todos comienzan con la palabra Clari, que significa claro. Básicamente, cuando veas la palabra Clari frente a cualquiera de los sentidos psíquicos, significa que ese sentido está amplificado y ahora es más claro. Naturalmente, todos tenemos los sentidos psíquicos, pero según los expertos, somos dominantes en al menos uno o dos de estos sentidos. Esto significa que, aunque tengas todos los sentidos Claris, algunos son más prominentes para ti que otros. Tal vez seas capaz de utilizar un sentido Clari de forma natural y sin esfuerzo, lo que significa que es tu sentido psíquico dominante. Sin embargo, necesitas práctica para desarrollar y mejorar todos los otros sentidos.

También, puedes comenzar a controlarlos cuando utilices estos sentidos. Después de todo si eres clarividente, no quieres comenzar a ver espíritus en cualquier lugar al que vayas sin ser capaz de hacer que desaparezcan. Naturalmente, uno de tus objetivos debería ser aprender a controlar cuándo cerrar todos los sentidos psíquicos. A continuación, explicaremos los sentidos Claris que te ayudarán a determinar cuál es dominante para ti. Deberías ser capaz de saberlo a partir de las definiciones de los términos y las características que acompañan a cada sentido.

Clarividencia

La clarividencia simplemente significa ver claramente. Es el sentido psíquico que te permite ver la energía. Básicamente, la clarividencia es la vista psíquica. Los clarividentes, por medio de su tercer ojo, pueden ver cosas más allá de lo ordinario; cosas que los ojos del ser humano promedio no pueden ver. También tienen visiones. La clarividencia es uno de los sentidos más populares.

Incluso si nunca has tenido curiosidad por las cosas psíquicas, hay mucha probabilidad de que ya hayas escuchado esta palabra antes.

Al utilizar tu sentido de la clarividencia puedes ver más allá del tiempo y del espacio. Esto significa que puede ver el mundo astral, los espíritus, el futuro y muchas otras cosas que los ojos humanos simplemente no pueden ver. La clarividencia tiende a ser el sentido dominante en las personas muy visuales. Ser visual significa que comprendes mejor los conceptos y las ideas cuando se te presentan en un formato que requiere que utilices tus ojos, como en un papel escrito, una imagen o incluso en un dibujo.

La clarividencia es el sexto sentido intuitivo del que es probable que ya hayas escuchado hablar. Este sentido funciona con el ojo de tu mente, el cual también es el tercer ojo o los ojos espirituales. Las personas con clarividencia como su sentido dominante pueden ver la energía de diferentes formas, incluyendo luz, colores, imágenes y movimientos. Es común que cuando una persona escuche la palabra "psíquico", lo único que se le viene a la mente es la clarividencia. No obstante, hay una pequeña diferencia entre las dos. La clarividencia no es lo único que se requiere para ser psíquico. Cuando alguien dice que es psíquico, no significa automáticamente que son clarividentes; pueden ser clarisentientes o claricognoscientes.

. . .

Psíquico es un término muy amplio, y la clarividencia es solamente una parte del término.

Por lo general, los clarividentes reciben mensajes espirituales en la forma de pantalla que contiene símbolos e imágenes. O puede ser un bosquejo visual de una persona con rasgos específicos. También puede aparecer como una advertencia de algo que sucederá en el futuro.

Puedes reconocer las características individuales únicas cuando ves a la persona porque se aparece visualmente.

También puede ser capaz de ver algo que va a ocurrir en el futuro. No importa si el mensaje aparece en una pantalla o no. Siempre cuando recibas el mensaje en una forma visual, tu sentido psíquico dominante es la clarividencia. Los médiums psíquicos que tienen visiones y reciben mensajes del mundo espiritual suelen ser telépatas espirituales.

Se pueden comunicar con el mundo espiritual por medio del ojo de su mente.

. . .

Como telépata, si tu sentido psíquico dominante es la clarividencia significa que serás muy bueno en las impresiones mentales, lo cual es habilidad para implantar información visual telepáticamente en la mente de otras personas.

Clarisentencia

La clarisentencia literalmente significa sentir claramente.

Es la habilidad psíquica para sentir la energía. Si eres el tipo de persona que entra a una habitación e inmediatamente te sientes invadido de diferentes energías en la habitación, ya que puede sentirlas, nueve entonces eres un clarisentiente. Si puedes sentir lo que la otra persona está pensando o sintiendo, esta es otra posible señal. Los clarisentientes son muy sensibles con las personas porque sienten la energía en lugar de verla o escucharla. También puede ser que se refieran a la clarisentencia como un presentimiento. Cuando conoces a una persona nueva e inmediatamente te sientes relajado junto a ella, tu sentido de la clarisentencia está funcionando; cuando conoces a una persona y sientes que hay algo malo o extraño respecto a ella, también es el sentido de la clarisentencia.

. . .

Una persona clarisentiente es la que tiene la habilidad para sentir lo que está más allá de nuestros sentidos físicos. Como persona cuyo o sentido psíquico dominante es la clarisentencia, puedes sentir emociones positivas y negativas de las personas y de los espíritus, así como cualquier cosa que tenga energía dentro del cosmos. Todas las cosas en el mundo están hechas de energía. La mayoría de las personas no pueden ver la energía, pero siempre está irradiando en cada uno de nosotros en todo momento. Cuando te sientes de determinada manera respecto a un individuo, eso que estás sintiendo es su energía. Así, los clarividentes pueden ver la energía, los clarisentientes pueden sentir la energía. Ser clarisentientes significa que puedes sentir la energía con precisión. En otras palabras, puedes descifrar con precisión qué es lo que estás sintiendo la otra persona. Todos nacen para sentir energía, pero no todo el mundo tiene la clarisentencia como su sentido psíquico dominante. Algo intrigante sobre ser clarisentiente es que no solamente sientes lo que sucede en el presente; también puedes sentir los estados emocionales del pasado y del presente de otra persona. Esto significa que puede ser capaz de sentir su futuro. Así como con cualquier otro sentido psíquico, la clarisentencia también se asocia con el sexto sentido, tu sentido de la intuición.

. . .

Los clarisentientes son afectados por diferentes influencias. Sin embargo, todo se reduce a la sensibilidad. Son bastante sensibles a los cambios de energía a su alrededor, ni importa que tan sutiles. Tener la clarisentencia como tu sentido dominante significa que puedes sentir la energía interna y externa de formas que las otras personas no pueden, incluso cuando también tienen ese sentido. La energía que sientes va desde sentir los objetos espirituales y las percepciones, hasta el futuro.

Si eres un clarisentiente, tal vez seas capaz de comunicarte telepáticamente por medio de las sensaciones. Por ejemplo, los telépatas clarisentientes tienden a sentir cuando una persona está en peligro, a pesar de la distancia.

Una nota a tomar en cuenta es que los clarisentientes suelen ser confundidos con los empáticos, pero hay una pequeña diferencia entre estos dos. Los empáticos son personas que son altamente sensibles a las emociones de otras personas. Los clarisentientes tienden a ser empáticos porque también son muy sensibles a las sensaciones. Sin embargo, los clarisentientes son diferentes porque sienten la energía a través del universo, no sólo de su entorno.

. . .

Clariconocimiento

El clariconocimiento es conocer claramente. Este es el sentido psíquico dominante y en personas que aprenden sobre las personas, eventos y otras cosas de forma psíquica. Los claricognoscientes sólo saben cosas. Si alguna vez te has preguntado cómo llegaste a saber algunas cosas sobre otras personas sin razón aparente, eres un claricognisciente. El conocimiento viene de los espíritus, pero no puedes saber esto cuando no tienes inclinación espiritual. Simplemente pasas mucho tiempo preguntándote cómo sabes algunas cosas. El clariconocimiento es un sentido psíquico impresionante porque las cosas literalmente llegan de la nada a tu mente. Prácticamente no tienes ninguna explicación para saber de dónde vienen estas cosas y por qué llegan a ti específicamente.

Digamos que vas de camino a casa desde el trabajo.

Tienes la ruta por la que pasas cada día y tienes otra ruta que nunca utilizas. En cierto día, sin ninguna razón aparente, simplemente decides que vas a utilizar la ruta que nunca usas.

. . .

Aunque tu compañero de trabajo se sorprende, intenta convencerte de seguir tu camino de siempre. Pero algo te dicen que tomes esta segunda ruta y te vas.

El segundo camino es más largo que el primero, lo que te hace llegar a casa cinco minutos después de lo normal. Al llegar a casa, te acomodas en el sillón y prendes la televisión. En las noticias descubres que había un bloqueo en tu camino de siempre. Las personas están atoradas en el tráfico y no parece que vaya a despejarse pronto. Estás impresionado y agradeces tu buena suerte.

Bueno, esto no es tanto buena suerte, sino que es más el sentido del conocimiento. Incluso cuando no te diste cuenta conscientemente, tu guía espiritual te dejo información sobre el bloqueo en tu mente. Por eso decidiste dejar tu camino normal y utilizar la segunda ruta.

Si las personas suelen acudir a ti cuando tienen un problema, esto puede significar que eres un claricognosciente. Las personas acuden a ti porque creen que sabes la solución. Como persona claricognosciente, tienes el don para saber inmediatamente si una persona es falsa o no.

. . .

Ni siquiera tienes que sentirte de cierta manera al respecto; sólo lo sabes. Es muy fácil saber si el clariconocimiento es tu sentido psíquico dominante, sólo tienes que poner atención y ver la información que aparece en tu cabeza de la nada. También, debes saber cómo te sientes sobre la información que recibes. Si tu corazón es verdadero y real para ellos, quizás seas claricognoscientes. La gran diferencia entre los clarividentes y los claricognoscientes es que los clarividentes ven las cosas, mientras que los claricognoscientes saben cosas. No necesitan ver algo antes de saberlo.

Clariaudiencia

La clariaudiencia es el cuarto sentido psíquico y literalmente se traduce a escuchar con claridad. Este es un sentido que de verdad tienes que desarrollar si quieres utilizar tus habilidades telepáticas. No importa si es tu sentido psíquico dominante o no. Si eres clariaudiente significa que puedes escuchar cosas más allá del rango físico o normal. Recibes información de forma intuitiva y guía de los espíritus y otros seres fuera del reino material por medio del oído. Esto no significa que solamente tienes que escuchar cosas que suceden en el reino de los espíritus. Más bien, significa que puedes escuchar cosas que no pueden detectar los cinco sentidos ordinarios.

Por ejemplo, puedes escuchar los pensamientos de otra persona claramente como si estuvieran hablando en voz alta. Si no eres consciente psíquicamente, tal vez creas que te está volviendo loco. Solamente pensar en esto puede ser aterrador, por lo cual es de mucha utilidad ser consciente psíquicamente.

Si eres clariaudiente, la información llega a ti en una gran variedad de formas. Una de estas formas es que la información puede llegar como sonidos inteligibles. Los sonidos pueden ser nombres, frases, palabras e incluso letras de canciones. Cuando tu sentido de la clariaudiencia se está despertando, vas a experimentar una gran variedad de sensaciones, desde un zumbido hasta presión en los oídos. Eventualmente, puedes comenzar a escuchar voces en tu cabeza. Naturalmente, las voces que escucha son diferentes de las que sueles escuchar. Puede sonar como si otra persona aparte de ti hablara directamente en tu cabeza. O puede sonar como un eco de otro plano dimensional. No te sorprendas si la voz que escuchas es la de un ser amado que ya no está en este plano terrenal.

Muchas personas nacen para ser clariaudientes, lo que significa que la clariaudiencia es su habilidad psíquica dominante.

. . .

Sin embargo, aunque no haya has nacido de esta manera, puedes adquirir esta habilidad por medio de la práctica.

Considera que los mensajes clariaudientes se pueden recibir de cuatro maneras diferentes. La primera forma es por medio de tu propia voz. Esta forma de mensaje es sutil y puede parecer que tienes un diálogo en tu mente.

Pero, en realidad, la voz que estás escuchando es la de un guía espiritual o cualquier otro espíritu. Este es una forma diferente de guía interna que recibes cuando estás en sintonía con tu ser elevado. Tienes que aprender a diferenciar entre tu guía interna y la voz de la clariaudiencia.

La segunda forma de los mensajes clariaudientes se recibe por medio de las voces espirituales. Estos suelen sonar como voces de seres amados y conocidos que ya han fallecido. Las vas a escuchar exactamente a como eran cuando estaban vivos. Otra forma en la que puede recibir los mensajes es por medio de sonidos. Por ejemplo, tal vez escuches tu nombre cuando estás solo. También puedes escuchar ruidos, susurros, conversaciones o el sonido de una radio. Lo más importante que debes tomar en cuenta aquí es que el sonido que escuchas tiene sentido para ti.

· · ·

Si no puedes encontrar la fuente física del sonido, el mensaje puede ser generado por un espíritu cercano.

Por último, los mensajes clariaudientes a veces vienen como advertencias. En casos de peligro, puedes llegar a escuchar el mensaje como si fuera en voz alta, aunque no haya nadie alrededor. Esto puede ser desde un zumbido hasta un grito.

Además de estos cuatro sentidos, los cuales se consideran los sentidos psíquicos primarios, existen otros dos sentidos.

Clarialiencia

La clarialiencia es el sentido de oler con claridad. Es cuando puedes oler cosas que no tienen una presencia física. Por ejemplo, cuando alguien está cerca de ti, una de las cosas que huele es puede ser el aroma de su perfume. Sin embargo, si tienes el don de la clarialiencia, serás capaz de oler su perfume incluso cuando no esté cerca de ti. También serás capaz de olerlo cuando ninguna de sus pertenencias esté a tu alrededor.

. . .

Cuando hueles algo de una persona que conoces en su ausencia, significa que su energía está a tu alrededor. Lo que sea que huelas es de la energía en tu entorno. Si tu habilidad psíquica dominante es la clarialiencia, tu sentido del olfato puede ser abrumador. Un sentido del olfato fuerte y poderoso puede conectarte con eventos o recuerdos pasados o futuros. Por lo general, el aroma que hueles viene del mundo espiritual, lo que significa que los espíritus intentan comunicarse contigo. El aroma puede estar relacionado con el espíritu. Por ejemplo, puedes oler el tabaco favorito de una persona cuando estaba viva.

Clarigusto

El clarigusto es el sentido de probar con claridad. Se refiere a la habilidad para probar cosas que realmente no están en el reino físico contigo. Los espíritus pueden transmitir mensajes en forma de sabores. Por lo general, el sabor será algo que amaban mientras estaban vivos.

Tu sentido del clarigusto puede ser una sorpresa porque viene con experiencias que pueden surgir de la nada.

. . .

Algunas veces se presenta cuando los fallecidos intentan provocar un recuerdo de un evento o cualquier otra cosa asociada con ciertos sabores o comidas que alguna vez fueron sus favoritas. O puede ser tu comida favorita que esa persona solía preparar para ti.

Ahora que conoces los seis sentidos psíquicos, el siguiente paso es identificar tu sentido psíquico dominante es para saber cómo te puede ayudar esto en tu despertar telepático. Por lo general, la mayoría de los sentidos psíquicos dominantes de las personas son la clarividencia, la clarisentencia, el clariconocimiento o la clariaudiencia. Los otros dos tienden a ser sentidos psíquicos complementarios. Este simple ejercicio te ayudará a reconocer cuál es tu sentido psíquico dominante.

- Siéntate en una habitación cómoda sin distracciones.
- Comienza a analizar la habitación a lo largo y a lo ancho. Asegúrate de poner atención a todos los detalles de la habitación, ni importa que tan triviales sean. Y lo que es más importante, pon atención a los sonidos, las imágenes y los olores del lugar.
- Cierra los ojos. Concéntrate en tu respiración, en el aire que entra y sale. Que tus respiraciones sean lentas y profundas

conforme intentas revisar las cosas de las que te das cuenta mientras analizas la habitación. ¿Algo resalta en particular por su apariencia? ¿Quizás fue un sonido? ¿Tuviste algún presentimiento muy fuerte mientras analizabas la habitación?
- Pon atención a cómo te sientes sobre las energías en el lugar.

Este pequeño ejercicio se llama análisis del entorno.

Te puede ayudar a saber cuál de los sentidos que hemos explicado es tu sentido psíquico dominante. No deberías practicar este ejercicio en solamente un lugar. Asegúrate de realizarlo en diferentes áreas, desde el parque hasta tu lugar de trabajo, e incluso en el metro. Entre más consciente estés de tus alrededores inmediatos, más fácil será para ti darte cuenta de los cambios de energía a tu alrededor. También serás capaz de saber si ves, sientes, escuchas o solamente sabes que ha habido un cambio en la energía a tu alrededor. Conforme sigas leyendo, vas a aprender a desbloquear tu habilidad psíquica dominante para las prácticas de telepatía.

6

Usar la meditación para abrirse

Una de las cosas que han sido muy claras desde el inicio de este libro es que la telepatía no puede suceder en una mente caótica. Después de todo, ¿cómo se supone que Hernández y recibas mensajes telepáticos si tu mente está en un estado de ruido constante? Los mensajes telepáticos solamente se pueden recibir cuando hayas entrenado tu mente para mantenerte en un estado de paz y tranquilidad, sin importar en qué lugar estés y lo que estés haciendo. Utilizar las habilidades psíquicas requiere que estés presente, de otra forma, existe una manera para darte cuenta de los cambios de energía a tu alrededor. La concientización es una parte importante para utilizarlos dones psíquicos.

. . .

Como ya sabes, la meditación es la herramienta principal para tranquilizar la mente. Ya sea que quieras aprender a ver la energía, a leer la energía o comunicarte con los reinos espirituales, no puedes hacer nada de esto a menos que la meditación sea una parte consistente de tu rutina.

Para despertar tus sentidos psíquicos y la parte espiritual de tu ser, necesitas comprender el poder de la meditación.

El primer paso para utilizar tus sentidos psíquicos es estar en sintonía con tu ser interior. Lo primero que necesitas hacer para desarrollar tu telepatía es comunicarte con tu ser interior. Entre más alineado estés contigo mismo, más se van a abrir tus sentidos psíquicos y más claros serán para ti. Por lo tanto, la meditación es una parte muy importante para despertar los poderes dormidos.

Existen diferentes tipos de meditación. Sin embargo, sólo necesitas dos para abrir los sentidos psíquicos. El primero es la meditación espiritual, la cual también se puede llamar meditación trascendental. El segundo es la meditación de chakra. Si recuerdas lo que hemos explicado, los chakras son tu sistema de energía.

. . .

A menos que los chakras estén balanceados, alineados y en un estado saludable, no sería posible utilizar los sentidos psíquicos o los dones telepáticos. Incluso si el chakra del tercer ojo se encuentra en un excelente estado, los otros chakras todavía pueden afectar tu habilidad para mandar y recibir mensajes telepáticos. Por eso necesitas aprender a utilizar la meditación de chakra, para mantener tus chakras abiertos al flujo de energía vital en todo momento.

Meditación espiritual

Si nunca has intentado la meditación espiritual, puede ser un reto comprender lo poderoso que puede llegar a ser para desarrollar los sentidos psíquicos. Nunca debes olvidar la importancia de la meditación porque se trata de volverte consciente de ti mismo. Como ya hemos explicado, este es un paso que debes tomar para despertar tus sentidos psíquicos.

La meditación espiritual es una experiencia que te revela la profundidad de tu ser. Esta forma de meditación se deshace de todas las percepciones equivocadas que tienes sobre ti mismo para mostrarte tu verdadero ser.

· · ·

La meditación espiritual te abre a tu verdadero ser, del cual te puedes estar escondiendo. Por ejemplo, si siempre has sospechado que tienes habilidades psíquicas, pero te has estado escondiendo por miedo, la meditación te puede ayudar a ver quién eres realmente, esto te permite dejar de huir de tus habilidades. La meditación espiritual te aferra al presente, que es precisamente lo que necesitas si quieres sintonizar con las energías a tu alrededor.

Naturalmente, puede ser que te preguntes qué es lo que vas a ganar de la meditación. Hay muchas cosas beneficiosas que te pueden ayudar en tu viaje telepático. La mayor ganancia de la meditación probablemente es el hecho de que te abre a la energía del mundo material.

Cuando meditas, te separas de ti mismo y de todo el frenesí del mundo en el que vives. Esto te ayuda a concentrarte en lo que está en tu interior y te abre a la percepción. Cuando esto sucede, puedes llegar a conocerte a ti mismo y tu ser interior se despierta.

Te vuelves más consciente del presente y deja hacer los pensamientos del pasado y del futuro.

. . .

Como humanos, la raíz de nuestro sufrimiento terrenal es la creencia de que somos una entidad distinta al Creador y a los demás. Contrario a lo que piensas, no eres simplemente una composición de cuerpo, mente, sensaciones y recuerdos. Eres mucho más que eso. Sin embargo, esta creencia falsa se ha enraizado en nuestra mente inconsciente, creando dolor. La meditación te ayuda a volverte consciente de esta creencia dañina para que puedas dejarla ir. Si no la dejas ir, el dolor te puede impedir desbloquear tus poderes y habilidades, los cuales vienen de la colección que compartes con el Creador. La meditación despierta tu deseo inherente de comprender las cerdas de tu ser. Te vuelves dispuesto a aceptar los dones que tienes. La aceptación es muy importante para utilizar tus habilidades telepáticas, de lo contrario estás bloqueando inconscientemente tu desarrollo. Después vamos a presentar algunas prácticas de meditación espiritual que puedes incorporar a tu rutina diaria para despertar tu verdadero ser y tus sentidos psíquicos. Puedes hacer estos ejercicios de forma individual o combinarlos.

La mejor forma de utilizar los ejercicios de meditación es comenzar con los ejercicios de respiración y luego continuar con los ejercicios. Realiza los ejercicios lentamente y añádelos a tu rutina uno por uno. Puedes meditar en cualquier momento del día, aunque es recomendable realizarlos en la mañana y antes de acostarte a dormir.

Luego puedes seguir realizarlos en otro momento si sientes la necesidad.

Antes de que comiences con la meditación diaria, sugiero que establezcas un lugar para meditar en tu casa. Este lugar debe ser silencioso y donde no te puedan interrumpir o distraer. Cuando quieras meditar, asegúrate de no tener dispositivos electrónicos cerca, esto te ayudará a no tener distracciones. También debes tener los ojos cerrados para todos los ejercicios de meditación. Puedes comenzar con sesiones de 5 a 10 minutos cada día y, poco a poco, puedes aumentar la duración de tus ejercicios hasta 30 minutos. No tengas miedo de llegar a los 60 minutos si puedes.

Meditación de respiración básica

Como el nombre implica, este es un ejercicio de meditación esencial que puede ayudar a comenzar con tu viaje para desbloquear tus sentidos psíquicos. Pero no te dejes engañar por la sencillez de la meditación de respiración, no debes subestimar su poder y su efectividad. Esta meditación trata de poner atención a la respiración. Es algo sencillo, pero puede ser difícil de dominar. La mente es un órgano que se distrae fácilmente.

Conforme intentas concentrarte en tu respiración, tus pensamientos intentarán alejarte del presente. Cuando te concentras en tu respiración, te alejas a ti mismo del mundo físico y te concentras en lo que está dentro de ti.

Poco a poco, tu mente comenzará a tranquilizarse.

Conforme tu ego comienza a retraerse, te vuelves más abierto a la parte profunda de tu ser. La conciencia comienza a desenvolverse. A un nivel superficial, la meditación de respiración es muy poderosa. Te puede facilitar la sanación de tu cuerpo físico. La mejor forma de realizar este ejercicio es concentrándote en tu respiración sin cambiar la forma en la que respiras. Al hacer esto, te aceptas a ti mismo y te das una oportunidad para ser solamente tú. Entre más tiempo sobre esta meditación, tu mente se vuelve más tranquila.

Cuando la mente llega a cierto nivel de tranquilidad, tus sentidos psíquicos se vuelven más intensos y alertas. En ese momento se vuelve más sencillo mandar y recibir mensajes telepáticos. Para realizar la meditación de respiración básica tienes que hacer lo siguiente:

- Ve a tu lugar para meditar y siéntate en una posición cómoda en el suelo o en una silla. Es recomendable sentarse en el piso cuando eres un principiante. Con el tiempo, serás capaz de meditar incluso cuando estés de pie. Sin embargo, si eres nuevo, es mejor practicar en un lugar en el que no haya distracciones.
- Cierra los ojos. Pon atención a tu postura y comprueba si alguna parte se siente incómoda. Ajusta tu cuerpo hasta que te sientas cómodo.
- Ahora debes poner atención a tu respiración. Concéntrate en el ritmo, no intentes cambiar la forma en la que respiras. Por ejemplo, no intentes respirar más lento. Incluso si no haces esto, tu respiración se volverá más lenta y profunda después.
- No dejes de ponerle atención a la respiración. Incluso si cambia, sigue concentrándote. Deja que tu cuerpo respire precisamente cómo quiere. Lo único que tienes que hacer es poner atención. Sé uno con tu respiración.
- Naturalmente, descubrirás que tus pensamientos se distraen conforme te concentras en la respiración. Cada vez que suceda esto, regresa tu atención al presente, sin hacer críticas ni regañar. Es parte normal del proceso. Solamente tienes que volver a poner atención cada vez que te distraigas. Con

el tiempo, serás capaz de meditar sin distraerte con tanta frecuencia. Entre más practiques, mejor te volverás a la hora de tranquilizar tu mente para recibir mensajes psíquicos.

Meditación consciente

El propósito de la meditación consciente es ayudarte a darte cuenta de la importancia del presente. Esta meditación te ayuda a comprender que el tiempo es una ilusión que te distrae del presente. El presente es lo más importante y debes concéntrate en esto en cada momento.

Cuando te concentras en el momento, dejas ir tu ego, lo único que evita que logres tu potencial por completo. La meditación consciente te enseña a concentrarte en el ahora. En esencia, eso es lo que necesitas si quieres experimentar tu verdadero ser tal y como es. Esta meditación tranquiliza los ruidos de tu mente para que puedas tener acceso a tu conciencia profunda. El mensaje telepático espiritual suele venir en diferentes formas cuando uno se concentra en el presente. Estar presente en el momento es la clave para acceder a la realidad.

- Comienza el ejercicio de meditación a practicar en el sencillo ejercicio de respiración que ya hemos explicado. Deja ir todo los pensamientos, miedos y preocupaciones que te pueden impedir acceder al consciente más profundo. Olvida todo lo que crees que sabes y concéntrate en las cosas que intentas conocer.
- Imagina una mesa frente a ti. Imagina que colocas todos tus miedos, preocupaciones y cargas en esa mesa. Colócalas una por una.
- Tómate un descanso de todas las percepciones que tienes sobre ti mismo, así como las percepciones que tienen otras personas de ti. Deja ir la persona que crees que eres, la persona que quieres ser y la persona que otros creen que eres. Deja ir todo eso y siente cómo te vuelves más libre y ligero.
- Ahora, concéntrate en el momento. Pon atención a las sensaciones de tu cuerpo. Considera los sonidos, aromas y cualquier sensación que detectes en tu entorno.
- Cada vez que una preocupación o pensamiento llegue a tu mente durante la meditación, colócalo en la mesa frente a ti.
- Permítete sumergirte más profundo en tu interior, supera la superficie de tu mente. Observa tus pensamientos conforme flotan en

tu mente, pero no intentes involucrarte, sólo déjalos flotar.

Mientras te encuentras en el estado meditativo, tal vez sientas algo de resistencia, como si esperaras que algo fuera a pasar. Olvida estoy también, deja que tu atención permanezca en el presente. Debes estar quieto, consciente y abierto a la experiencia psíquica que puede suceder en ese momento. Recuerda que el propósito de este ejercicio de meditación es ayudarte a abrir tus sentidos psíquicos para que puedas utilizar tus habilidades.

Meditación de chakra

Muchos supuestos psíquicos dicen que no necesitas entrenar tus chakras para la comunicación telepática.

Esto puede parecer cierto para alguien que no tiene conocimiento sobre cómo funcionan estos dones. Por supuesto, el chakra del tercer ojo hace el chakra que está relacionado con las habilidades psíquicas de la clarividencia y demás. En esencia, el chakra del tercer ojo es el más importante para el uso de los poderes psíquicos. Sin embargo, el chakra del tercer ojo es una parte del importante sistema de energía.

Incluso si llegas a abrir el chakra del tercer ojo, no serás capaz de usar tus sentidos psíquicos hasta que no hayas abierto o balanceado los otros chakras. Para lograr utilizar tu habilidad telepática, necesitas asegurarte de que tus siete chakras están en balance. Además, si recuerdas lo que hemos dicho hasta ahora, el chakra del plexo solar es parcialmente responsable de la telepatía instintiva. El chakra del tercer ojo hace que la telepatía mental y sus actividades sean posibles. La telepatía espiritual no es posible a menos que se despierte y balancee el chakra de la corona. Por lo tanto, el sistema de los chakras por completo tiene un papel muy importante en tu habilidad para lograr todo tu potencial. Básicamente, tenemos siete chakras que conforman tus centros de energía:

- El chakra raíz
- El chakra sacro
- El chakra del plexo solar
- El chakra corazón
- El chakra de la garganta
- El chakra del tercer ojo
- El chakra de la corona

Estos siete chakras siempre deben permanecer en balance y alineados para que llegue a ocurrir tu despertar espiritual y que se desbloqueen tus dones telepáticos.

. . .

Aún más importante, también deben abrirse al flujo de la energía vital en todo momento. Esto es especialmente importante para mantener tu salud física, emocional y espiritual.

Ahora hablaremos de un ejercicio sencillo de meditación para abrir, balancear y alinear los siete chakras para mejorar tus experiencias psíquicas. Esto se debe realizar en un espacio de meditación como el que ya hemos explicado.

- Siéntate en una posición cómoda, con la espalda derecha. Concéntrate en tu cuerpo, comenzando con los pies y avanzando hacia arriba. Pon atención a las sensaciones de cada parte de tu cuerpo conforme te concentras y sientes que la atención desaparece.
- Después, concéntrate en tu respiración conforme inhalas y exhalas. Te darás cuenta que tu respiración se vuelve más profunda y estable. Imagina el oxígeno entrando a tus pulmones, viajando a través de todo tu cuerpo, de célula a órgano y a músculo.
- Ahora visualiza el latir de tu corazón y el chakra corazón. Concéntrate en la armonía de tu cuerpo. Observa cómo todas las partes funcionan como una sola. Pon atención a tu

respiración que le da vida a cada parte de tu cuerpo.

- Es momento de poner atención a cada uno de los siete chakras, uno por uno. El objetivo es infundir energía a cada chakra conforme te concentras en ellos. Comienza con el chakra raíz, el cual está en la base de tu columna vertebral. Visualiza el cuerpo de energía girando en el sentido de las manecillas del reloj y siente cómo la energía que entra y sale con tu respiración alimenta esta energía y la hace más grande y más brillante.
- Desde el chakra de la raíz, pasa al chakra sacro y realiza lo mismo. Luego pasa al chakra del plexo solar y así continuamente hasta que cada chakra se llene de energía. Puedes llenar cada chakra con tu energía de vida. Toma en cuenta que no importa cuánto tiempo tardes en esto, tárdate todo lo que necesites.
- La mejor forma de hacer esto es trabajando desde la base hasta el chakra más elevado. No hagas la meditación en el otro sentido, ya que esto puede tener un efecto contrario.
- Una vez que hayas llegado hasta el chakra más alto, el chakra de la corona, el último paso es visualizar los siete chakras siendo alimentados por una bola de energía. Conforme haces esto, los chakras deben

volverse más prominentes, más brillantes, saludables y transparentes. Deben estar llenos de energía.

Por último, abre los ojos y continúa en tu posición de meditación por un momento hasta que te sientas relajado.

Pon atención a cómo se siente tu cuerpo ahora refrescado y revitalizado. En ese momento, tus sentidos psíquicos estarán abiertos y alertas. Realiza la meditación de chakra de 15 a 30 minutos en cualquier momento que sientas que los chakras están bloqueados y afectan tus sentidos psíquicos. Te sentirás mejor cada vez que lo hagas.

Conforme sigas avanzando en tu viaje espiritual y psíquico, estarás expuesto a formas más avanzadas de meditación que te ayudarán a mejorar tus habilidades aún más. Sin importar si la meditación es avanzada o básica, hay algunos elementos claves que debes considerar en todo momento.

Primero, la posición es casi tan importante como la meditación misma. Una de las mejores formas de asegurar que estás en una posición cómoda es mantenerse lejos del ruido. Si es posible, debes rodearte con naturaleza.

Si estás en una posición incómoda, puede llegar a ser imposible la meditación y tranquilizar tu mente. Sin embargo, tu posición no debe ser tan cómoda como para que te quedes dormido fácilmente. Una de las mejores posiciones es sentarse derecho en una silla o recargando la espalda en la pared.

En segundo lugar, cuando estés meditando debes meterte por completo en el proceso y realizarlo paso a paso. Por lo general, cuando tienes un objetivo, planeas el proceso y luego lo ejecutas paso a paso. No obstante, nunca debes hacer esto con la meditación porque no debe sentirse como una tarea. La meditación es algo que deberías disfrutar. Aunque haya pasos a seguir, debes permitir que todo se sienta natural. Deja que la meditación siga su rumbo de manera orgánica. No intentes controlar el ambiente o el proceso. Dejar que suceda a su manera. No intentes que todo salga bien o lograr un resultado específico. Recuerda, deja que todo fluya naturalmente.

En tercer lugar, siempre debes reconocer tus pensamientos pasajeros cuando estés meditando. No solamente te puedes deshacer de los pensamientos porque quieres concentrarte en la meditación. Así no es cómo funciona.

. . .

Cuando decimos que debes dejar ir los pensamientos, significa que no debes involucrarte en ellos, no ignorarlos por completo. Es natural que tu mente esté repleta de mucha información mientras te concentras en el presente.

La mejor forma de lidiar con esto es aceptar esos pensamientos.

Hasta cierto punto, tus pensamientos afectarán tu concentración. El objetivo es no responder al pensamiento; no debes permitir que los pensamientos dicten el flujo de tu meditación. Ese es el gran reto. Reconoce tus pensamientos sin responder a ellos. Deja que se alejen para que puedas volver a concentrarte en la meditación.

Cuando estás sentado meditando, puedes rezar alguna oración a lo Divino. Esto no tiene que estar necesariamente relacionado a una religión. Solamente elige una oración y dirigirla al ser superior de tu vida. La oración puede ser cualquier cosa que quieras. Por ejemplo, puedes decir algo como: "en nombre de lo divino, me abro a la luz, al amor y a la puerta psíquica". Esta es una oración que tiene el objetivo de ayudar a despertar tus sentidos y dones más rápidamente. También puedes recitar un mantra conforme meditas.

Todo depende de lo que quieras para ti. De hecho, decir una oración conforme inhalas y exhalas te puede ayudar a concentrarte en tu respiración y en el presente, lo cual es el objetivo de la meditación.

Piensen la meditación como una oportunidad para reflexionar sobre ti mismo. Sintoniza tu cuerpo físico y las sensaciones que lo atraviesan conforme meditas. Sintoniza tu conciencia y tu presencia en el espacio meditativo.

Sé consciente del flujo de energía en tu entorno. Piensa en cómo te sientes durante la meditación. Tu cuerpo debe sentirse más ligero. Acepta las reacciones de tu cuerpo a la meditación.

Ten en cuenta que el principal beneficio de estos ejercicios de meditación es ayudarte a calmar tus pensamientos y emociones. En otras palabras, el objetivo es deshacerse de los obstáculos mentales, abrir tus portales psíquicos y prepararte para la experiencia telepática. La meditación te ayudará a conectar con tu conciencia elevada para estar en sintonía con el cosmos y todo lo que hay en él.

7

Abrir el tercer ojo

El tercer ojo es el portal a la consciencia elevada. El lugar en el que se desarrolla la habilidad para ver dentro del alma de otras personas y de la propia. Todas las habilidades psíquicas de las que hemos hablado antes se originan en la intuición. El chakra del tercer ojo es la base de la intuición. Sin el tercer ojo, no habría nada de habilidades psíquicas. Abrir tu tercer ojo significa que has logrado un nivel de iluminación más elevado que el de otras personas. También se le conoce como el ojo del conocimiento, ya que cualquier conocimiento que recibas por medio de los sentidos de las Claris vienen del tercer ojo porque es el camino de la iluminación.

Abrir el tercer ojo no es algo que hagas una sola vez. Es un proceso que requiere constante meditación.

Cuando comienzas a abrir tu chakra del tercer ojo, se puede sentir cómo se está abriendo. Puedes llegar a sentir una sensación familiar dónde se localiza el tercer ojo. Y luego, todas las sensaciones desaparecen de repente y pueden no volver hasta meses después. Esto puede ser desalentador, pero si en verdad estás listo, serás capaz de ser paciente hasta que se vuelva a abrir. El proceso sol está lleno de ensayos y errores, pero no sucede hasta que estés listo. Si llegas a abrir tu tercer ojo sin estar listo, puedes experimentar efectos adversos.

Como ya sabes, tu tercer ojo se localiza en la zona entre tus cejas, aunque un poco más arriba. Este punto es la base del conocimiento interno, la imaginación y la intuición. Naturalmente, no puedes observar físicamente el tercer ojo como lo harías con los ojos físicos. Sin embargo, puedes visualizarlo utilizando un ejercicio de visualización.

El tercer ojo es el responsable de los presentimientos y los instintos, de la habilidad para ver el panorama general de la vida y de crear el balance entre las emociones y la lógica. Por lo tanto, cuando se abre el tercer ojo puedes utilizar tu intuición y sabiduría interna para percibir y comprender las cosas que desafían la lógica.

· · ·

Existe una gran diferencia en cómo te sientes cuando el ojo está abierto a cuando está cerrado.

Abrir el tercer ojo es increíble, pero también tiene muchos efectos secundarios que muchas personas no consideran.

Antes de comenzar a trabajar en el tercer ojo, debes comprender estos efectos secundarios y saber cómo lidiar con ellos. El despertar del tercer ojo puede tener muchas experiencias incómodas que te pueden sacar el proceso si no estás preparado. Esto puede resultar en tomar la decisión de cerrar el tercer ojo para siempre. Como ya hemos dicho, todos tenemos el tercer ojo, pero eso no significa que todos experimentamos su despertar de la misma manera. Las sensaciones son más intensas para algunas personas. El objetivo es advertirte de la experiencia y describir las técnicas que puedes utilizar para lograr que tu tercer ojo sea una fuente de iluminación y no de estrés.

Es interesante que algunas personas ya hayan despertado su tercer ojo sin haberse dado cuenta. Sin saberlo, trabajan en ejercicio del tercer ojo, intentando despertar lo que ya está despierto. Esto suele suceder porque han reprimido su conciencia del despertar por miedo.

· · ·

Si tienes presentimientos reales todo el tiempo, puede ser que tu tercer ojo ya esté completamente o parcialmente abierto. No importa cuánto intentes reprimir tu tercer ojo, todavía tienes mensajes intuitivos y presentimientos siempre y cuando siga abierto.

Aparte del hecho de que la apertura del tercer ojo puede causar presentimientos intensos y poderosos, puede tener otros efectos secundarios que no son cómodos físicamente hablando. Algunos de los efectos secundarios son los siguientes:

- Una leve presión en la frente, específicamente en el área entre las cejas. Esa sensación puede ser similar a la sensación que tienes cuando te presionas suavemente con dedos entre las cejas.
- Tienes visiones en tu mente o sueñas cosas antes de que sucedan.
- Tu entorno parece más vibrante y sientes los colores brillantes. El tercer ojo te permite asimilar los detalles que pasarían desapercibidos para el ojo humano normal. El entorno vibrante puede ser abrumador e intenso cuando se abre el tercer ojo.
- Dolores de cabeza frecuentes que terminan en

migrañas, dependiendo de qué tan intensos sea el despertar. El dolor de cabeza se puede sentir como tener una cinta amarrada alrededor de la cabeza o presión en las sienes. Esto suele suceder debido al despertar de tus sentidos psíquicos, los cuales hacen que tu mente sea más sensible.

Abrir tu tercer ojo puede parecer complicado y casi imposible si tus chakras o el chakra del tercer ojo está bloqueado. También puedes tener problemas debido al desbalance de los chakras, razón por la cual hablamos de la meditación para ayudarte a mantener los chakras abiertos y balanceados. A menos que te hagas cargo de los bloqueos, no puedes acceder a todo el potencial de tus poderes. El bloqueo y el desbalance de chakras pueden ser causados por estrés, cansancio, resistencia a los dones, ansiedad y conflictos repetitivos. Recuerda que el chakra del tercer ojo puede estar hiperactivo o poco activo, así que debes poner atención a las señales. Si tu tercer ojo está poco activo, puedes tener problemas para desbloquear tus sentidos psíquicos o concentrarte. También te puedes sentir ansioso y desconectarte del mundo y de las personas a tu alrededor. Pero si tu chakra del tercer ojo está hiperactivo, tal vez te sientas fuera de sintonía con la realidad. Lo mejor es tener un chakra del tercer ojo que esté balanceado.

. . .

¿Qué sucede cuando abres el tercer ojo?

Algunas de las cosas que puedes esperar pueden ser abrumadoras e intensas, así que no olvides meditar para que sea más fácil.

Sueños y pesadillas intensas

Si no duermes suficiente a causa de las pesadillas, puedes sentirte deshidratado y fatigado al día siguiente. Lo que hace que esto sea especialmente intenso es que puedes seguir viendo en tu mente las imágenes de tu sueño. Esto hace difícil concentrarse o relajarse. Cuando no duermes bien, otros aspectos de tu vida se pueden ver afectados.

Meditar cada noche antes de ir a dormir te puede ayudar a contrarrestar este efecto secundario al dejar tu mente en un estado de calma. Además, puedes escribir un diario de sueños para monitorear lo que sucede en tus sueños. Lo bueno de los sueños vívidos es que nunca se van por completo, por lo que vas a recordarlo con claridad cuando te despiertes.

. . .

Si llegas a comprender las imágenes y símbolos que aparecen en tus sueños, tu tercer ojo dejará de molestarte con lo mismo cada noche. Recuerda que siempre hay un mensaje en cada sueño vívido.

Intuición muy precisa

Cuando comienzas a abrir el tercer ojo, puedes llegar a sorprenderte con la precisión de tu intuición. Al inicio puede parecer más una carga, y se entiende. Luego te volverás bueno para predecir el futuro y las conductas de otros. Con el tiempo te acostumbrarás a la precisión, no debes reprimir la intuición. Si sientes que la precisión es demasiada para ti en este momento, recuerda que puedes reducir su frecuencia al aprender a abrir y cerrar a voluntad los caminos psíquicos. Intentar alejarlos o reprimirlos puede hacer que aumenten su frecuencia e intensidad.

Intrepidez

Muchas personas dicen haberse vuelto intrépidas después de abrir su tercer ojo.

. . .

Algunas dicen que se sienten casi invencibles. Abrir el tercer ojo es algo que brinda poder y puede resultar en un aumento de confianza.

Contrario a lo que piensan muchas personas, el miedo es una emoción necesaria y esencial para la supervivencia. Primero debes comprender que abrir tu chakra del tercer ojo no te hará un superhéroe ni te hará invencible. En segundo lugar, no descartes la parte racional o lógica de la mente porque has encontrado una nueva fuente de iluminación. Cuando sea necesario, asegúrate de incorporar la parte lógica de tu tercer ojo, en vez de confiar enteramente en la intuición.

¿Qué sucede cuando el tercer ojo está hiperactivo?

El resultado de tener un tercer ojo hiperactivo suele ser estrés físico y psicológico intenso. Esto sucede cuando hay demasiada energía. Como resultado, puedes sentir que estás perdido en un mar de visiones. Puedes estar continuamente bombardeado con pedazos de información que no tienen nada que ver contigo o con las personas que te rodean.

. . .

Una de las señales más comunes es ser demasiado indulgente con el mundo de fantasía. Básicamente, la persona pierde contacto con la realidad y se obsesiona con el mundo de fantasía. Otra señal evidente es el miedo a las visiones que aparecen. Cuando abres tu tercer ojo sin el apoyo y el balance de los otros chakras, tu tercer ojo se puede volver hiperactivo debido al flujo de energía.

El eterno flujo de pensamientos y visiones de un tercer ojo demasiado activo puede ser agotador mentalmente. Si no tienes cuidado, puede llegar a afectar tu vida cotidiana.

En consecuencia, te puede llegar a costar trabajo tomar decisiones simples. La indecisión es la consecuencia de la falta de claridad, de la ausencia de concentración, juicio nublado y la incapacidad para separar la fantasía de la realidad. En este estado, aun cuando recibas mensajes psíquicos, puedes no encontrarles sentido.

Un tercer ojo hiperactivo se manifiesta de las siguientes maneras:

- Dolores de cabeza que nunca desaparecen.
- Convulsiones.

- Incapacidad para dormir.
- Problemas de visión.
- Náuseas.
- Sinusitis.
- Alucinaciones.
- Ansiedad.
- Falta de claridad mental.
- Delirios y paranoia.

Considera que el objetivo de esta explicación es brindarte el conocimiento para que puedas dar el gran paso para abrir tu tercer ojo, no para asustarte. Si las visiones se vuelven intolerables, puedes hacer que vayan más lento. Te puedes comunicar con la fuente de tu conocimiento o con tu guía y pedirle que te dé más tiempo para mejorar y ser capaz de recibir la información. Si tus visiones se están saliendo de control, entonces deberías trabajar en aterrizarte mejor para que todas las energías adicionales vayan a la Tierra. Tu guía espiritual también estará dispuesto a ofrecerte protección y guía para que la experiencia sea más cómoda para ti. Puedes pedirle que te dé la información de una manera que sea más fácil de comprender, acceder y procesar.

Algunas maneras para balancear la energía en tu tercer ojo son hacer cambios positivos y saludables para tu estilo de vida. Incluye alimentos integrales en tu alimentación y haz ejercicio consistentemente.

Otras prácticas de vibración alta que pueden ayudar es incluir la sanación de energía, Reiki, aromaterapia, etc.

Ahora que sabes qué esperar, vamos a hablar de cómo abrir tu tercer ojo. Existen varias técnicas que puedes usar para despertar el chakra del tercer ojo. La primera es la meditación del tercer ojo.

Meditación del tercer ojo

La meditación es para ayudarte a ajustar tu consciencia o para ayudar a despertar tu tercer ojo. Aun así, esta meditación es específicamente diferente a las que ya hemos explicado. Aunque hay ciertas similitudes, las diferencias son más importantes.

- Comienza con un ejercicio de respiración. Sigue las instrucciones de la meditación de respiración que ya hemos explicado.
- Vacía tu mente para que puedas concentrarte en tu tercer ojo. Intenta mover tus ojos hacia arriba, hacia donde se localiza el tercer ojo. Deja que permanezcan ahí conforme continuas

con tu ejercicio de respiración. Cuenta hacia atrás del 100 al 1. No te desanimes si no encuentras tu tercer ojo instantáneamente. Sólo concéntrate en meditar y contar números.

- Una vez que hayas terminado de contar, deberías ya estar en el estado mental correcto para acceder a tu tercer ojo. Cuando mantienes bien la concentración, sentirás oscuridad a tu alrededor, excepto en el tercer ojo. Habrá luz en ese momento, lo que sugiere que se está activando el tercer ojo. Una vez que tu ojo esté despierto y activado, notarás que tu cerebro está relajado y funciona a un nivel más alto de lo usual. Los hemisferios de tu cerebro estarán en sincronía y estarás súper consciente de la energía en el entorno.

- Si sientes energía que transcurre por tu cuerpo, significa que has despertado tu tercer ojo. Si te puedes concentrar con intensidad en una imagen visualizada sin que tu mente se distraiga, esa es otra señal.

- Después, debes permitirte experimentar el tercer ojo. Las personas reaccionan de forma diferente a su despertar. Puedes llegar a experimentar imágenes como destellos que pasan por tu mente. Pueden ser imágenes de personas, de la naturaleza y otras escenas que

probablemente hayas visto antes. Las personas que experimentan esto suelen describirlo como ver los pensamientos propios proyectados en un pizarrón.
- Sigue concentrándote en tu tercer ojo por al menos 10 minutos. Puedes llegar a experimentar dolor de cabeza la primera vez que lo intentes. No tengas miedo, entre más practiques, menos dolores de cabeza tendrás. Intenta visualizar y concentrarte en una imagen u objeto específico conforme tienes esta experiencia. Esto te ayudará a centrar tu mente.
- Después de 10 a 15 minutos, sal lentamente de la meditación. Vuelve a concentrarte solo en la respiración y aparta la vista de tu tercer ojo. Sé consciente del aire que inhalas y exhalas. Puedes volver a contar del 100 al 1. Esto te ayudará a concentrarte mientras sales de la meditación.

La activación del tercer ojo puede ser lenta, dependiendo de varios factores. Sin embargo, el tiempo que tardes no es tan importante, pero debes hacerlo bien.

. . .

Puedes acelerar el proceso al meditar todos los días. No olvides utilizar la concentración mental para mejorar tu concentración y mantener abierto el ojo de la mente.

También puedes practicar Hatha yoga para balancear los siete chakras. Y no olvides mantenerte en contacto con tu yo interior.

Mejorar la intuición

Después de abrir tu tercer ojo, existen otras formas para mantenerlo en buena forma. Ya que el tercer ojo es la base de la intuición, fortalecer el tercer ojo comienza con la fortaleza de la intuición.

Lo mejor es permitir el silencio de la mente. La meditación sirve para esto, pero no lo puedes hacer en cada minuto de tu vida. Así pues, tu mejor opción es encontrar otra manera de cultivar el silencio mental. El silencio mental significa preparar la mente para los mensajes psíquicos en cualquier momento. Los mensajes telepáticos no te avisan antes de aparecer, así que debes estar listo para recibirlos y mandarlos en todo momento. Si tu mente no ha aprendido a estar en silencio, vas a perder muchos mensajes importantes. Puedes permitir el silencio al sentarte en la naturaleza o caminar por el parque o un bosque. También lo puedes hacer al concentrarte en un deporte o arte.

La creatividad también puede ayudar a mejorar la intuición. Deja que tu imaginación sea libre y métete de lleno en actividades que requieran creatividad. Por ejemplo, puedes aprender un nuevo arte. Permite que la inspiración te inunde desde tu tercer ojo hasta tus manos. Te sorprenderás con los resultados. La creatividad relaja tu mente racional, la cual contribuye al ruido mental.

Cuando eres creativo, callas a la parte de tu mente que quiere controlar tus acciones y lograr resultados específicos. Aún más importante, te abres a las posibilidades, esto permite que tu tercer ojo florezca.

Las afirmaciones también son herramientas muy buenas para reemplazar un sistema de creencias negativas que podría llegar a afectar tu tercer ojo. El propósito de estas afirmaciones es reemplazar lo negativo con afirmaciones positivas. Son útiles para balancear el chakra del tercer ojo y mejorar tus sentidos intuitivos. Las afirmaciones deben ser creadas para concentrarte en tus presentimientos, en los instintos, en la espiritualidad y en el sentido del propósito. Estas son algunas afirmaciones que te ayudarán a mejorar tus sentidos intuitivos:

- "Me abro a la guía de mi maestro interior".
- "Soy consciente de mis intuiciones. Las escucho. Las siento. Sé que me van a guiar en mi propósito de vida".
- "Voy a tomar las decisiones correctas en mi vida y lo haré fácilmente".
- "Creo en la guía de mi tercer ojo".
- "Soy intuitivo y puedo distinguir lo que es bueno y lo que es malo".
- "Estoy abierto a las posibilidades ilimitadas".
- "La guía de mi tercer ojo me llevará a mi propósito".

Puedes ser tan creativo como quieras con estas afirmaciones. El objetivo es que sean positivas y con el propósito de desarrollar y mejorar tu intuición.

El color del chakra del tercer ojo es morado. Puedes obtener energía morada con piedras y joyería para mantener tu chakra abierto y sanarlo cuando es necesario. En cualquier momento que tu chakra se sienta bloqueado, simplemente utiliza joyería con piedras moradas. O también puedes tener un cristal de energía y llevarlo contigo para cuando sea necesario. Sólo tienes que agarrar el cristal y concentrarte en él por unos minutos. Algunas de las mejores piedras y cristales son las amatistas, la obsidiana negra y la fluorita morada.

Tan pronto como hayas abierto tu tercer ojo, el siguiente paso es comenzar a mandar mensajes telepáticos.

8

Mandar mensajes a otros

Una vez que hayas abierto chakra del tercer ojo, mandar mensajes telepáticos debería ser más sencillo. Aunque de explicar las técnicas que utiliza para mandar mensajes telepáticos, tienes que conocer unas cuantas cosas que pueden afectar tu éxito o en esta práctica. Lo primero que puede afectar tu éxito es la falta de creencia o fe. Debes tener convicción sobre la existencia y el uso de la telepatía. Si no te crees en algo no puedes utilizar sus habilidades. Tu sistema de creencias es la base de tu habilidad para mandar mensajes telepáticos. Así pues, el primer paso es asegurarte de que crees en ello. En el momento en el que tengas fe, todo lo demás se vuelve muy sencillo. Ser escéptico puede cerrar tu mente a la experiencia. Tienes que creer que el mensaje va a llegar a la persona que quieres.

· · ·

La creencia comienza al superar tu miedo de no cumplir con tus deseos. Muchas personas comienzan en la telepatía pensando que no tienen la habilidad porque les han hecho creer que es un don para unas cuantas personas.

Por supuesto, esto es falso. La telepatía es un don natural que posee toda la raza humana. La principal diferencia es que la mayoría de las personas sufren su don de la infancia y ya no pueden acceder a él porque está dormido. Por eso es que sugerimos que comiences este viaje al abrir tus sentidos psíquicos y comiences a utilizarlos otra vez. Por eso, el miedo es la base de la falta de fe. Para empezar, primero debes dejar ir el miedo al fracaso. Cuando quieres que algo suceda en tu vida, dejas ir el miedo. Tienes que olvidar todas las creencias negativas para que puedas entrar al estado vibracional más elevado en el que los chakras están alineados. Entre más confianza tengas en tu habilidad para que se abra, más estarás rodeado de energías positivas.

Una vez que superes tu miedo y creas en tu habilidad, quedan pocas cosas que te pueden detener para mandar mensajes telepáticos. Antes de proseguir, recuerda que la telepatía no es algo que puedas dominar en un día.

. . .

Dependiendo de qué tan dormido esté tu sexto sentido, la telepatía puede tomarte días o meses. Puedes aumentar tus probabilidades al practicar unos cuantos minutos cada día. La telepatía requiere mucho tiempo, paciencia y práctica. Eres libre de continuar si tienes la voluntad para dedicarle suficiente tiempo para practicar todos los días.

Así pues, dedícale al menos 20 minutos de práctica cada día. Si necesitas más tiempo, puedes añadir más minutos.

La duración de tu práctica diaria depende de los cambios basados en tus actividades diarias.

Primero, necesitas practicar con una persona cada día. Estás intentando mandar mensajes telepáticamente, así que necesitas alguien que reciba ese mensaje. La persona con la que practique debe estar cerca de ti. Como principiante, no debes intentar practicar con una mayor distancia. En segundo lugar, necesitas asegurarte de que tu mente y cuerpo están relajados antes de proseguir.

Mandar un mensaje es mucho más sencillo cuando tu compañero de prácticas y tú están en un estado de relajación. El receptor debe tener la mente despejada.

Asegúrate de que practicas con alguien que comparte tus creencias en lo que intentas hacer. De otra forma, esta persona puede hacer el proceso demasiado complicado.

La visualización es una parte muy importante del proceso. Por eso, practica un ejercicio sencillo de visualización cada día para mejorar tu habilidad. La visualización es una forma efectiva para definir los pensamientos y concentrarlos en el presente.

Técnica 1: meditación para la telepatía

La habitación en la que quieres practicar novedades de gente. Puede ser todo lugar habitual en el que meditas o cualquier otra habitación que creas que puede funcionar.

Lo importante es asegurarte de que sea adecuada. Si tienes a otra persona cerca de ti, le puedes decir que no te moleste por al menos 30 minutos.

- Cierra los ojos y practica el ejercicio de respiración. Comienza con tu respiración normal hasta que se vuelva más profunda y suave.

- Pon atención a las vibraciones en todas las partes de tu cuerpo. La meditación se trata de sentir tu propio cuerpo. Siente las vibraciones en la planta de los pies y ve subiendo poco a poco hasta llegar a la parte superior de tu cabeza. Debe sentir que cada parte de tu cuerpo se relaja y está lista.
- Una vez que hayas relajado todo tu cuerpo, vuelve a poner atención en tu respiración. Entre más relajado estés, más profunda será tu respiración. En este momento puedes comenzar a ver personas, cosas, animales, imágenes, etc.
- Después, pon atención a tu chakra del tercer ojo, como ya hemos explicado en el capítulo anterior. Puedes llegar a sentir un cosquilleo, comezón e incluso un poco de dolor. No pelees con las sensaciones. Utiliza la meditación para activar el tercer ojo para abrirlo.
- Una vez que hayas abierto tu tercer ojo, visualiza a la persona que está en la habitación contigo. Imagina su tercer ojo en tu mente y concéntrate en él. Imagina un círculo morado en ese lugar entre las cejas. Esto representa su tercer ojo.
- Visualiza una bola de luz morada que sale de tu chakra del tercer ojo. Ahora, guía esta bola

de luz hacía el tercer ojo de la otra persona. Dirige esta luz hacia su chakra y observa cómo entra. El propósito de esto es establecer una conexión con la otra persona. Sin ella, no puedes mandarle un mensaje de forma telepática. Si realizas la visualización de forma correcta, puedes experimentar lo que se conoce como la fase del cuerpo de luz, es decir, cuando sientes que eres un cuerpo de luz que te conecta con otra fuente de luz.

- Si estableces la conexión de forma exitosa, ya estás un paso más cerca. Lo que sea que le digas a esta persona, visualiza que va a través de su chakra del tercer ojo. Considera que un mensaje breve es ideal para la práctica, en especial para tus primeras prácticas. Entre más breves sea el mensaje, más fácil será entregarlo a su chakra del tercer ojo.

Cuando la persona haya recibido el mensaje, lo vas a sentir en su interior. La sensación es única y no se puede fingir. Una vez que sientas o sepas que el mensaje ha sido enviado, deberías detenerte. Te puede tomar unos segundos o minutos mandaré es el mensaje. Después de 15 minutos de intentos sin éxito, deberías tomarte un descanso de la práctica intentarlo de nuevo al día siguiente.

· · ·

Intentarlo en el mismo día puede ser demasiado esfuerzo para tu mente y hacer que te sientas exhausto mentalmente. Practica una vez al día. Después de la sesión, puedes sentir varias vibraciones en tu cuerpo. Deja que tu cuerpo las experimente por completo.

Recuerda que la energía que transmites al receptor no es un ataque psíquico o de energía, ni nada por el estilo. La luz es necesaria para mandar el mensaje. De ninguna manera debe lastimar tu chakra o el de la otra persona.

Incluso puede ser que la energía revitalice tu propio chakra y el de la otra persona. Así pues, esta técnica no es peligrosa.

Técnica 2: ejercicio para leer la mente

Para realizar este ejercicio necesitas a una pareja dispuesta. Por lo general, no debes leer la mente de alguien a menos que te dé permiso. Puedes leer la mente de alguien si tienes razones para creer que tiene intenciones malvadas contra uno de tus seres amados o contra ti. También puedes practicar la lectura de mentes por ti mismo sin decirle a la persona que lo estás haciendo.

Esto es simplemente para probar que tan bueno eres leyendo mentes.

Deshazte de la tensión o el estrés en tu mente y cuerpo.

Concéntrate en la persona y visualiza su chakra del tercer ojo al imaginar un icono morado en el área entre tus cejas. Imagina que esos pensamientos giran alrededor de tu mente. Debes tener la intención con tu concentración.

Entre más te concentres, más claros serán los pensamientos que lleguen a ti. Si quiere llevarlo un poco más allá, puedes usar tu mente para pedirle que realice una tarea sencilla. Puede ser algo como que diga una palabra en voz alta o que te traiga una bebida.

Si quieres que te traiga una bebida, visualiza a la persona preguntándote si tú quieres una bebida. Luego di que sí.

Imagina que la persona va a la cocina para traerte una bebida. Visualiza que te da la bebida. Aún más importante, visualiza que le das las gracias. Es muy importante demostrar apreciación.

Deja que las visiones pasen por tu mente por algunos minutos y luego déjalos y regresa a lo que estabas haciendo. Puede ser que la otra persona no se levante por la bebida inmediatamente. Espera hasta que lleve a cabo la instrucción mental.

Puede ser que no lo logres la primera vez, pero recuerda que la clave es la consistencia y la paciencia. Sigue intentando hasta que lo logres. Considera que el propósito de este ejercicio no es cambiar la voluntad de la persona; sino que trabajas con ellos. Es mejor escoger tareas que realizarían normalmente por voluntad propia.

Técnica 3: ejercicio de observación remota

Este ejercicio se usa para recibir información de otra persona a la distancia. La información puede tener forma de palabras, imágenes o emociones.

- Siéntate cómodamente en tu habitación para meditar. Coloca los pies en el piso y pon la espalda derecha.
- Respira profundamente y cierra los ojos.
- Inhala profundamente y visualízate tocando el

chakra del tercer ojo de la persona de la que quieres recibir la información.
- Imagina un hilo plateado que sale de su chakra del tercer ojo y se agarra a tu dedo.
- Trae el hilo plateado a tu chakra del tercer ojo.
- Imagina la información que atraviesa el hilo plateado hacia tu chakra. La información puede tomar unos 15 minutos antes de llegar a ti, así que sé paciente.
- Abre los ojos, estírate e inmediatamente escribe lo que sea que esté en tu mente. También puedes dibujar los días son imagen.

Puedes utilizar este ejercicio para saber cuáles son las expectativas de las personas sobre un trabajo o un proyecto para que así puedas hacer un excelente trabajo.

Técnica 4: ejercicio de influencia remota

Este ejercicio de entrenamiento telepático sirve para influenciar a otra persona con tus propios pensamientos, emociones y necesidades. Puedes utilizar la influencia remota para establecer una gran comunicación con otra persona para ayudarte a progresar en la vida.

• • •

Este ejercicio sirve para fortalecer tu habilidad para mandar pensamientos o emociones e influenciar más rápido a las personas.

- En tu habitación para meditar, siéntate cómodamente.
- Inhala y exhala profundamente unas tres veces antes de cerrar sus ojos.
- Concéntrate en tu frente y abre el chakra del tercer ojo.
- Visualiza un hilo plateado que sale de tu chakra del tercer ojo. Concéntrate en la persona que quieres influenciar y cómo quieres hacerlo.
- Imagina que el hilo plateado toca el tercer ojo de la otra persona. Deja que el hilo se pegue a su frente. Respira profundamente y visualiza el hilo entrando profundamente conforme respiras. Respira profundamente 3 veces.
- Imagina que tus pensamientos y emociones pasan a través del hilo hacia el chakra del tercer ojo de la otra persona. Establece la intención con la que quieres influenciarla.
- La información puede tardar unos 15 minutos antes de llegar a la otra persona.

Pon atención a la conducta de la otra persona en el futuro para ver si ha funcionado la influencia.

Técnica 5: ejercicio de transmisión remota

Este ejercicio es útil para mandar tus propios pensamientos, emociones, necesidades y deseos a varias personas a la vez. Puedes utilizarlo para atraer más clientes a tu negocio o mejorar el humor de las personas a tu alrededor. También lo puedes utilizar cuando trabajes en equipo o hagas una presentación.

- Cierra los ojos y respira profundamente.
- Concéntrate en tu chakra del tercer ojo y visualiza la información que quieres enviar. Crea la imagen o las palabras en tu mente.
- Crea la imagen de una energía blanca y brillante que sale de su cuerpo. Proyecta la información que quieres mandar a la mitad de esa energía blanca.
- Siente la energía que va a hacia tu audiencia. Visualiza a tu audiencia recibiendo la energía de tu parte. Una vez que hayan recibido la energía, significa que han recibido el mensaje.

Antes de que comiences a establecer una conexión telepática con las personas a tu alrededor, primero debes concentrarte en ti mismo. Necesitas entrenar tu mente en contra de los efectos entumecedores a los que te expone la sociedad todos los días.

Por suerte, existen técnicas para mejorar tu mente y que sea más accesible a la telepatía. Una técnica que puedes utilizar es escuchar ritmos binaurales y tonos isocrónicos. Esto significa escuchar audios diseñados específicamente para mejorar tu telepatía. También puedes utilizar juegos telepáticos para mejorar tu habilidad.

Nunca olvides que la telepatía requiere tiempo y paciencia. Así que no tengas prisa para comunicarte telepáticamente. Tómate el tiempo que necesites para hacerlo bien.

9

Telepatía entre gemelos

Todo el mundo sabe que los gemelos comparten una conexión especial más allá de lo que se ve con los hermanos ordinarios. A lo largo de los años, han existido registros de la telepatía entre los gemelos en todo el mundo. Esto se vuelve más fascinante cuando te das cuenta de que algunos de los gemelos involucrados fueron separados al nacer. Esto prueba que la telepatía entre gemelos no es ningún mito. La ciencia todavía debe encontrar evidencia empírica para apoyar la existencia de la telepatía entre gemelos. Sin embargo, existen evidencias anecdóticas que indican que esto es real. El concepto de la telepatía entre gemelos se trata de cómo los gemelos, ya sean idénticos o no intercambian sus pensamientos y emociones sin utilizar palabras escritas o habladas.

. . .

Evidentemente, esta es la telepatía como la conocemos, pero la telepatía entre gemelos es ligeramente diferente porque, por lo general, los gemelos no tienen que entrenarse o hacer algo especial. Esta habilidad es algo natural para ellos, en especial en tiempos de crisis.

Si eres un gemelo, es probable que hayas experimentado esta conexión con tu hermano o hermana. Han existido ocasiones en las que un gemelo experimenta una sensación de dolor sólo porque el otro gemelo, en otro lugar, está experimentando la misma cosa. Otra situación es cuando uno de los gemelos sabe en su corazón que su gemelo está en peligro.

Aunque no existe evidencia científica para comprobar que la telepatía entre gemelos es real, muchos investigadores han realizado estudios para determinar si este fenómeno es real. Un ejemplo es el estudio de Robert Sommer, Humphry Osmond y Lucille Pancyr en 1981.

Este estudio tenía 35 pares de gemelos como participantes. Los investigadores descubrieron que al menos 12 de cada 35 pares de gemelos tenían una conexión telepática entre ellos.

. . .

Reportaron experimentar la telepatía de formas extrañas. J. B. Rhine también llevó a cabo un estudio sobre telepatía entre gemelos con Terry y Sherry, un par de gemelos idénticos. De acuerdo con Rhine, Terry y Sherry podrían intercambiar respuestas en sus cabezas. También eran capaces de saber cuándo uno de ellos estaba enfermo o sentía dolor. Esta investigación también analizó si los gemelos podían intercambiar oraciones completas por medio de la telepatía.

Aunque los gemelos idénticos y no idénticos pueden compartir una conexión telepática, se ha descubierto que esta conexión es más fuerte en los gemelos idénticos que en los fraternos. Esto puede ser porque los gemelos idénticos se forman a partir de un solo óvulo, lo que significa que sus genes son completamente idénticos. Los gemelos fraternos, por otra parte, son de óvulos diferentes.

Básicamente, una conexión telepática y existe entre los gemelos. Casi todos los pares de gemelos tienen una historia que apunta a la telepatía entre gemelos. Por lo general, los gemelos comparten un entendimiento innato de su estado emocional. Ya que las emociones son anteriores a la conducta, la mayoría de los gemelos también se comportan de la misma forma.

. . .

Por ejemplo, los gemelos en diferentes lugares pueden comprar el mismo artículo de forma simultánea. También tienen habilidad para terminar las oraciones del otro.

Todas estas cosas suceden en las personas que comparten lazos emocionales muy cercanos, pero parece ser más fuerte en los gemelos debido a sus circunstancias de nacimiento. Después de todo, la mayoría han estado juntos prácticamente desde el primer segundo de sus vidas. A pesar de la ausencia de pruebas científicas, uno no puede negar la conexión telepática entre los gemelos.

Todo esto significa que los gemelos son muy sensibles con los pensamientos, las emociones y las necesidades del otro. La conexión proporciona una gran empatía entre los gemelos. Esta empatía es lo suficientemente intensa como para producir sensaciones físicas específicas. Espiritualmente hablando, la conexión telepática entre gemelos se conoce como "telepatía de las llamas gemelas". Debido a su conexión, los gemelos también pueden compartir sueños vividos.

Hablemos de lo que se trata la conexión de la llama gemela desde un punto de vista espiritual y cómo permite la telepatía entre los gemelos.

Conexión de llamas gemelas

La conexión de llamas gemelas se refiere al enlace entre dos personas que comparten llamas gemelas. Aunque puedes creer que las llamas gemelas sólo existen en los gemelos, esto no es así. Todos estamos compuestos de energía, pero vibramos a diferentes frecuencias. Es normal que estos niveles de vibración no cambien, ya que definen la persona en la que nos volvemos y, más importante, con quién nos asociamos. Las llamas gemelas vibran a una frecuencia similar, razón por la cual las personas que comparten llamas gemelas pueden hacer cosas como la telepatía. Cuando dos almas operan en el mismo nivel de liberación, se vuelve posible comunicarse psíquicamente. La conexión de llamas gemelas existe incluso antes de que las almas lleguen a conocerse. Esto explica por qué muchos gemelos tienen una conexión a pesar de ser separados desde el nacimiento. Por lo general, esta conexión es subconsciente. Sin embargo, te vuelves más consciente de su existencia cuando comienzas con la actividad espiritual.

Una conexión de llamas gemelas suele aparecer en forma de intuición compartida, telepatía compartida, sueños compartidos, proyección astral y comunicación verbal o visual compartida.

Cuando las llamas gemelas se conocen por primera vez, la primera conexión que experimentan es su intuición compartida. Esto pasa en ocasiones cuando se dan a luz gemelos y ellos intentan acercarse. Las almas espejo tienen sensaciones inexplicables que no parecen ser suyas, aunque experimentan las sensaciones con fuerza.

Ejemplo: vives con tu gemelo. Por lo general, tu gemelo llega a casa antes de las 6 p.m. y estás acostumbrado a que llegue a esta hora. Ya casi es la hora de su llegada. De repente, sientes una gran decepción y tristeza. No puedes explicar estas emociones y te preguntas por qué las sientes. Intentas olvidarlo, pero se vuelven más intensas. De forma casi inmediata, tu gemelo llega. Por su cara, sabes que ha tenido un día bastante decepcionante. Se sienta y te cuenta lo horrible que ha sido su día.

En este ejemplo, es evidente que las emociones de tristeza y decepción experimentadas fueron las de el gemelo. Aún así, sientes como si fueran tus propias emociones. Esto ejemplifica cómo se manifiesta la intuición compartida en las llamas gemelas.

Las emociones dejan una marca en las almas espejo, como en los gemelos.

¿Alguna vez has entrado a una habitación y sentiste que podías casi tocar la tensión? Puedes saber que un conflicto ha ocurrido en ese lugar cuando te sientes de esta manera. El enojo es una emoción muy poderosa que te puede sorprender cuando la experimentas desde la perspectiva de otra persona.

Ejemplo: estás tomando clase en la escuela y no estás muy emocionado. De repente, sientes un terrible dolor en el pie. El dolor desaparece tan rápido como llegó. Estás sorprendido y no tienes idea de qué acaba de ocurrir.

Aunque el dolor duró muy poco, el recuerdo no te abandona. No puedes dejar de preguntarte qué lo ha causado.

Más o menos una hora después de eso, tu gemelo te llama y te dice que se ha roto el tobillo en un accidente menor.

Ese dolor que sentiste fue la sensación de tu gemelo.

En este ejemplo, sientes algo físico que no es tuyo.

. . .

Las llamas gemelas pueden sentir dolor, felicidad y emoción de la otra persona. Pero el dolor suele resaltar porque suele desaparecer pronto.

Los sueños y las proyecciones astrales compartidas son otras formas en las que se comunican telepáticamente las llamas gemelas. Esta forma de telepatía sucede cuando los gemelos están en diferentes lugares. La conexión es tan poderosa que las almas de las llamas gemelas se encuentran en estado de sueño. Esto suele suceder de diferentes maneras. Por ejemplo, los gemelos pueden tener el mismo tipo de sueño o pueden entrar al estado de sueño lúcido para que puedan estar juntos en el mundo astral. El estado de sueño es la forma más auténtica, por lo que no hay limitaciones. Tu alma se mueve de forma natural en la dirección en la que la otra alma está vibrando en su frecuencia. Cuando los gemelos se separan, sus almas permanecen quietas. Cuando los cuerpos físicos están dormidos y sus armas tienen la libertad para explorar, tienden a encontrarse.

La comunicación visual y verbal por medio de la mente también sucede entre los gemelos. Este nivel de comunicación telepática suele desbloquearse cuando los gemelos crecen juntos y avanzan juntos en su camino espiritual.

· · ·

Este tipo de comunicación es diferente del estado de sueño. Entre más se fortalezca la conexión entre los gemelos, más fuerte será la comunicación telepática.

Algunos hechos básicos sobre la telepatía de la llama entre gemelos

En primer lugar, la telepatía entre gemelos no requiere que tengan habilidades previas. Esta relación es tan fuerte que la conexión sólo sucede, incluso cuando no tienen conocimientos telepáticos. Esto facilita el desarrollo de sus dones telepáticos. El contacto remoto también es posible entre las llamas gemelas. Esto es más notorio cuando el cerebro deja ir el ego y los mecanismos de defensa. En este punto, tu cuerpo y mente se relajan y se abren a la comunicación. Los gemelos se pueden agradar de las manos telepáticamente a través de la distancia, e incluso pueden experimentar otras cosas que implican contacto físico.

Si tienes una llama gemela, debes saber que siempre estarán en el mismo nivel de vibración. Esto quiere decir que sus conciencias siempre estarán en sintonía.

. . .

En este sentido, un gran beneficio de la telepatía entre las llamas gemelas es que te ayudará a mantenerte en contacto con tu otra mitad, no importa la distancia. Es muy fácil mandar un mensaje a tu gemelo al mantenerte en sintonía con su frecuencia.

La comunicación telepática entre gemelos no siempre es verbal. Algunas veces puede ser en forma de recuerdos.

Por ejemplo, de repente puedes recordar algo que no parece ser tuyo y aun así parece ser muy familiar. Esto se debe a las energías fusionadas. Cuando sucede la unión de las llamas gemelas y las energías por fin se fusionan, obtienes información de tu gemelo de forma inconsciente.

Es interesante que los gemelos a veces no pueden contactar con el otro debido a una perturbación de la energía. Ya que todo está hecho de energía, a veces pueden absorber energía negativa de otras personas. Esto puede tener como resultado un bloqueo en sus canales de comunicación telepática. Por lo tanto, es mejor realizar ejercicios para limpiar la energía cada día y así evitar que las energías no deseadas obstruyan los canales de comunicación.

. . .

Si eres un gemelo y no recuerdas haber tenido una experiencia telepática con tu otra mitad, tal vez tienes un bloqueo de energía. Lo primero que debes hacer es trabajar para limpiar y curar tus centros de energía, es decir, tus chakras. Incluso si haces esto por tu cuenta, serás capaz de ayudar a tu gemelo para limpiar sus centros de energía bloqueados. Como ya sabes, la telepatía no funciona si los chakras están bloqueados. Utiliza la meditación de chakra para limpiar tu energía y hacer que sea tan vibrante cómo debería.

En conclusión, la telepatía entre gemelos puede pasar desapercibida debido a la conexión entre las llamas gemelas. Pero no esperes que la experiencia sea como una llamada telefónica. Más bien, es una experiencia compleja y es diferente para cada persona.

10

Cerrar la puerta telepática

La mente es el portal para la telepatía y otros dones psíquicos. Puedes imaginar que la mente es una gran casa con todas sus puertas y ventanas abiertas. Todo entra y sale sin un filtro. Cada pensamiento, e ideas, sensación, deseos, necesidades y demás puede entrar, ocupar un espacio e incluso causar molestias. En este caso, nadie está controlando lo que entra en la casa mental. En estas condiciones, la mente no tiene una barrera para protegerse de todos los pensamientos, palabras, sugerencias e ideas. Este es el caso para la mayoría de las mentes de las personas. Es el estado predeterminado de las cosas. Tú, por otra parte, no deberías permitir que tu mente funcione de esta manera. Si no aprendes a controlar lo que entra y sale de tu puerta psíquica con la apertura del tercer ojo, vas a descubrir que llegan miles de pedazos de información importante e irrelevante cada día.

La mejor forma de protegerte mientras mantienes abiertos tus sentidos psíquicos y el chakra del tercer ojo es aprender a cerrar las puertas y ventanas de tu mente. Esto previene que te lleguen pensamientos dañinos, inútiles e innecesarios que te pueden robar la salud y la vitalidad de tu mente.

La telepatía sucede por un intercambio de energía. Por lo tanto, cada pedazo de información que accede telepáticamente requiere de un poco de tu fuente de energía.

Dependiendo del tipo y el tamaño de información, algunas pueden requerir una gran cantidad. Por esta razón, debes entrenar tu mente para sólo recibir información y mensajes relevantes. Al aprender a cerrar tu puerta telepática, puedes evitar que entren los pensamientos, ideas y emociones innecesarios. Puedes elegir lo que quieres recibir.

Tal vez creas que es imposible aprender a cerrar y abrir la puerta telepática a voluntad, pero no lo es. Con persistencia y constancia, aprenderás a abrir y cerrar la puerta telepática cuando tú quieras. Incluso si sólo lo aprendes de forma parcial, será una gran diferencia para tu bienestar físico, mental, emocional y espiritual.

El control y el dominio mental son las claves para cerrar la puerta telepática. Una vez que hayas entrenado y dominado esto, ya no tendrás problemas con los pensamientos, emociones y humores de las personas con las que compartes espacio.

Las tres herramientas esenciales para entrenar tu puerta telepática para que se cierre y se abra según tu voluntad son la meditación, la concientización y la concentración.

Estas tres cosas tienen algo en común: te ayudan a aferrarte al momento. También ayudan a mejorar tus habilidades de concentración, mejoran el proceso de pensamiento y aumentan la paz interior y la satisfacción.

Ya hemos hablado de cómo puedes practicar la meditación y la meditación consciente o la concientización, por lo que no hace falta repetirlo. Sin embargo, aquí hay unos cuantos ejercicios de concentración que puedes incluir en tu rutina.

Ejercicio de concentración

. . .

El objetivo de este ejercicio es ayudarte a agudizar tu mente y entrenarla para que se concentre mejor. Hablaremos de al menos tres ejercicios de concentración que pueden fortalecer tu poder mental y aumentar tu habilidad de concentración. Entrenar tu mente es similar a entrenar tu cuerpo. Entrenas el cuerpo al acudir al gimnasio al menos tres veces por semana. Cuando intentas aprender algo nuevo, tienes que dedicarle horas de práctica antes de dominar lo básico. Esto también aplica para el entrenamiento de la mente. Cuando entrenas la mente para filtrar información, necesitas concentrarte. Si quiere desarrollar la concentración, eso requiere mucha práctica. Incluso hubo una práctica de 10 minutos cada día va a hacer la diferencia en tu salud espiritual y psíquica.

Naturalmente, tu mente va a intentar resistirse cuando comiences el entrenamiento. A la mente no le gusta que la controlen; ella quiere tener el control. Te va a costar trabajo dominar tu mente. Algunas veces, vas a olvidarte de entrenar; otras veces, tu mente te llevará a un estado de pereza. Existen diferentes maneras con las que tu mente intentará detenerte. Pero, al final, la decisión es tuya. Tú eres el amo de tu mente. Por lo tanto, todo depende de lo que quieras hacer.

. . .

Los ejercicios de concentración te ayudarán a entrenar y dominar tu mente hasta el punto en el que puedas cerrar y abrir la puerta según tu voluntad. De esta manera, puedes filtrar todo lo que entra y sale de tu mente.

Siempre debes practicar los ejercicios de concentración en el mismo lugar que utilizas para meditar. Puedes sentarte en una silla o en el suelo. Practica un ejercicio rápido de respiración antes de comenzar con el ejercicio de concentración. Deberías utilizar al menos 10 a 15 minutos para tu práctica diaria. Comienza con un ejercicio y sigue practicando hasta que lo hayas dominado.

Luego continúa con otro ejercicio. Haz esto hasta que hayas dominado todos los ejercicios de concentración.

Esto te puede llevar días, semanas o meses. No hagas el siguiente ejercicio hasta haber dominado el primero.

Ejercicio 1

Elige cualquier libro de tu biblioteca. Abre el libro y elige un párrafo para contarlo.

Ahora, cuenta las palabras en ese párrafo. Después de contar, repite y vuelve a contar para asegurarte de tener el número correcto. Después de hacer esto varias veces, elige dos párrafos y vuelve a contar. Sigue aumentando hasta que sea sencillo contar las palabras de toda una página.

El conteo lo debe realizar con tus ojos.

No apuntes con el dedo, sólo cuenta mentalmente.

Ejercicio 2

Elige una palabra o frase y repite la en silencio en tu mente por 5 a 10 minutos. Cuando te des cuenta de que tu concentración está mejorando, aumenta la duración a 15 minutos.

Ejercicio 3

Cuenta mentalmente de 100 a 1. Sáltate tres números cada vez que cuentes. Por ejemplo: 100, 97, 94, 91, etc.

Ejercicio 4

Cuenta en tu mente de 100 a 1. Así, de atrás hacía adelante. Cuando termines, repite el ejercicio. Luego, puedes aumentar cada cuenta al añadir cien números más.

Ejercicio 5

Agarra un objeto como una pelota. Concéntrate en el objeto. Obsérvalo desde cada uno de sus ángulos sin formar ninguna palabra en tu mente para describirlo. Solamente observa con la mente en blanco. No pienses en nada conforme observas el objeto.

Entre más practiques estos ejercicios, más rápido vas a progresar en el entrenamiento mental. Deja que el proceso sea gradual. Comenzarás a ver las diferencias en tus habilidades de concentración. Eventualmente, serás capaz de concentrarte en las cosas sin mucho esfuerzo.

Esto te ayudará a filtrar los mensajes psíquicos.

· · ·

Apagar los sentidos psíquicos

Despertar tus sentidos psíquicos puede ser una experiencia abrumadora. Cuando comienzas, la experiencia será nueva y emocionante, en especial si estás progresando. Estarás más emocionado la primera vez que mandes un mensaje telepático con éxito. Pero el hecho de que todas estas cosas estén sucediendo de forma simultánea puede hacer que todo el proceso sea muy intenso.

Puede ser un gran esfuerzo para tu vida. Así pues, de vez en cuando, tal vez necesites apagar tus sentidos psíquicos.

Supongamos que sientes que estás recibiendo información abrumadora. En ese caso, significa que hay mucha energía pasando a través de tu tercer ojo. Por lo tanto, necesitas aprender a cerrarlo cuando lo requieras.

Primero, debes entrenarte a ti mismo para salir de tu chakra del tercer ojo y fuera de tu mente. Es normal sentir que le debes dedicar todo tiempo a desarrollar tus habilidades psíquicas y espirituales, pero no dejes que se vuelva tu vida entera. Debes pasar todo el tiempo que puedas en tu vida humana.

Tiene que haber un balance entre tu vida física y espiritual. Dedicar algo de tu atención a tus asuntos sociales es una forma de alejar la energía de tu chakra del tercer ojo. No deberías permitir que toda la energía vaya al tercer ojo. Tu mente estará en un mejor estado si distribuyes la energía en otras áreas de tu vida.

Una manera de desviar la energía es limpiar tu casa y deshacerte del desorden. Realizar un poco de limpieza y organizar aquí y allá te ayudará a distribuir tu energía y también a proporcionar un entorno tranquilo para tu mente. Una casa caótica o un lugar de trabajo desordenado resulta en una mente caótica. Por lo tanto, si cuidas el caos de tu casa o trabajo, indirectamente estás cuidando de tu mente. Arreglar tu casa estimula tu chakra inferior. Debes estar atento a tus finanzas y otros aspectos de tu vida. Dar paseos todos los días.

Asegurar el balance entre tus sentidos y portales psíquicos es una parte integral de tu vida. Debes estar balanceado con tus centros de energía y tus portales psíquicos. La telepatía no es una solución rápida para arreglar un problema intrascendente, así que no lo consideres como tal. Practicar la telepatía significa que tienes que pasar una gran parte de tu día en el reino psíquico.

. . .

Esto te puede distraer de tus relaciones y de todo lo demás, pero no deberías dejar que suceda. Pasa todo el tiempo que puedas con sus relaciones sociales. Sal con tus amigos, con tu pareja, da un paseo en el parque, sal a caminar con tu perro. Haz cosas que te mantengan con los pies en la tierra.

Apagar los chakras

Como ya sabes, los chakras son los centros de energía del cuerpo. La energía fluye a tu cuerpo físico a través de los chakras. Así pues, cuando sientas demasiada energía, lo mejor que puedes hacer es apagar los chakras. Como ya hemos dicho, los chakras pueden estar hiperactivos o poco activos dependiendo del flujo de energía. La puerta telepática no se puede cerrar si no aprendes a controlar el flujo de energía en tus chakras. Puedes evitar tener una sobredosis de energía al apagar los chakras para recibir el menor flujo de energía como sea posible. Para cerrar temporalmente la puerta a tu habilidad telepática, necesitas apagar tus centros de energía. Apagar los chakras también te ayudará a aumentar tu energía personal.

También aumenta la habilidad para concentrarse. Y, aún más importante, te ayuda a mejorar tu salud y bienestar.

Cuando cierras la puerta telepática a los pensamientos y emociones de otras personas, este suele ser el resultado final.

Algunas técnicas de visualización que puedes utilizar para apagar tus chakras son las siguientes:

Método dial de radio

Esta es un método de visualización bastante útil para disminuir el ingreso de energía a tus chakras.

- Siéntate en una posición de meditación. Coloca las palmas de las manos sobre tu regazo y cierra los ojos. Ahora, visualiza tu intuición en la forma de un dial de radio, con lo que sintonizas la estación.
- Observa el volumen y ve qué tan altas tienes tus habilidades intuitivas. Haz una nota mental de tu nivel actual.
- Una vez anotado, visualízate bajando el volumen hasta los números más bajos.
- Una vez que hayas bajado el volumen de tu intuición, agradece a los espíritus y termina.

Visualización termómetro

Este es un método bastante sencillo y directo.

- Cierra los ojos y utiliza el ejercicio de respiración para entrar en el estado meditativo.
- Una vez que hayas entrado en ese estado, imagina un termómetro en tu mente. El termómetro representa tus habilidades intuitivas.
- Imagina que disminuye el nivel del termómetro hasta el nivel más bajo que quieras. Visualiza cómo va bajando uno por uno.
- Una vez que hayas llegado al nivel deseado, exhala profundamente y levántate.

Método de la flor

Si te gustan las plantas, vas a creer que esta técnica es bastante divertida.

- Siéntate cómodamente, cierra los ojos y realiza un ejercicio rápido de respiración.
- Ahora, visualiza tus chakras, en especial el chakra del tercer ojo y el chakra corazón. Para que la energía vaya al chakra del tercer ojo, primero debe pasar a través del chakra corazón. La mayoría de la información sensible que llega al cuerpo la recibe el chakra del corazón y el del tercer ojo.
- Sintoniza el chakra corazón conforme lo visualizas. Luego, imagina una flor rosa que aparece sobre tus chakras. La flor representa tus habilidades intuitivas.
- Si la flor está abierta por completo, significa que tu intuición está 100% abierta. Una flora a medio abrir significa que tu intuición está medio abierta. Una flor cerrada, significa que la intuición está cerrada.
- Realiza este mismo ejercicio para el chakra del tercer ojo y todos los chakras restantes hasta que sientas que eres el mismo otra vez.

Cuando termines con todos estos ejercicios, asegúrate de examinar tu estado mental actual y compararlo con la forma en la que te sentías antes de apagar tus chakras.

. . .

Naturalmente, te debe sentir más tranquilo, aterrizado y seguro.

Si te sientes de esta manera, significa que los ejercicios de visualización fueron exitosos. Siempre y cuando ancles tu chakra raíz a la Tierra, tus chakras siempre van a estar ligeramente abiertos. Esto es mejor que apagar tus chakras por completo. Si quieres abrir tus chakras por completo otra vez, sólo necesitas revertir cualquiera de las técnicas antes mencionadas.

Cuando apagas tus chakras y tus sentidos psíquicos, no pierdes tu intuición por completo. Todavía seguirá ahí cuando la necesites. La diferencia es que estaba más dormida de lo que suele estar. Esto hará que el proceso de filtrado sea más sencillo para tu mente. Con cualquier técnica puedes controlar efectivamente lo que entra a tu mente y lo que no.

Navegar en los secretos de la telepatía y el desarrollo psíquico es un proceso emocionante. Asegúrate de disfrutar cada uno de los pasos del camino. No dejes que tus prácticas se sientan como una tarea. Deja ir cualquier duda, miedo o preocupación que tengas en la mente sobre tus habilidades. Más bien, acéptate tal y como eres.

. . .

Aún más importante, abre tu corazón al amor y a la luz.

El chakra del tercer ojo no se puede abrir a menos que el corazón esté lleno de felicidad. Así que debes hacer las cosas que te hacen feliz. Si lees este libro y no sientes que estás listo para comenzar con tu viaje telepático, no te apresures. Espera a que estés mentalmente listo para tu viaje.

Por último, medita regularmente para mantenerte en sintonía con tu conciencia elevada. Un cuerpo y una mente relajados son bastante importantes. Cuida tu cuerpo al mejorar tu alimentación, ejercicio y otras cosas que afectan tu cuerpo físico. Recuerda que cualquier cosa que afecte tu cuerpo físico, afecta a tu cuerpo espiritual también. Así pues, cuidar de tu cuerpo no es una elección. Repito, no te limites a ti mismo. Siempre puedes encontrar una manera para seguir avanzando en tu camino espiritual.

Conclusión

La telepatía está presente en todos y cada uno de nosotros. No es un don único que está reservado para un conjunto especial de personas. Puedes ser un telépata si quieres serlo. Cualquier persona puede ser un telépata. Pero desbloquear tus sentidos telepáticos no es tan sencillo, como ya has aprendido en este libro. La práctica telepática requiere que seas consistente, paciente y, más importante, diligente. Debes estar listo para dedicarle tiempo y esfuerzo si quieres ver resultados productivos.

Despertar tus sentidos psíquicos y desbloquear la telepatía puede ser la base de tu proceso para despertar espiritualmente. Cuando hayas logrado finalmente esta etapa, te sorprenderás de lo mucho que te has resistido al avance espiritual y psíquico.

www.ingramcontent.com/pod-product-compliance
Lightning Source LLC
LaVergne TN
LVHW021719060526
838200LV00050B/2760